奧里森‧馬登 —— 著

孔謐 —— 譯

個性磁場，締造非凡魅力

心態平衡 × 人格魅力 × 意志主導

無法避免外在缺陷，可以從「氣質」開始改變！

你一定遇過一種人，穿著沒什麼特殊、五官不是特別出眾……
但就是自帶一種超吸引人、超與眾不同的「氣場」！
這比路上回頭率 100%的帥哥美女還厲害！

「評價一個人，並非完全取決於他的身體髮膚之間。」
擺脫過度敏感、克服表現障礙、尋找自我價值
內在不夠強大，那就練習自我壯大！

目錄

CONTENTS

第 1 章
高貴的氣質源自內在的養成

華特·惠特曼（Walt Whitman）說過：「評價一個人，並非完全取決於他的身體髮膚之間。」

人，總有一些東西比外表更重要。這些東西既不在於一個人是否聰明，也不在於是否漂亮。它們是傳記作者或相機無法捕捉到的，並且只能靠感覺傳遞。那是從一個人身上散發出的生命力量，這種神奇的力量如同電流般讓人難以捉摸，我們稱它為個人魅力或磁場。然而，這種力量並非來自人體本身。

有些人的氣質遠比其他人更為強烈、深遠，不需靠近就能感覺到他們身上特有的影響力正悄然襲來。他們就如同一塊磁石般在自己周圍形成一個強大的磁場，散發出微妙而真實的力量。有些人認為：所謂的「人體氣場」其實就是根據各人不同的個性和氣質所形成的一種電子輻射場；有些人的想法更誇張，認為約瑟的神奇彩衣也是他精神層面華麗氣場的展現（來自兒童聖經故事）。還有許多人具有解讀人體氣場的特殊能力，他們聲稱：「人的氣場能夠揭示內心的祕密，別想隱藏。」

「氣場」也好，「磁場」也罷，或其他任何你喜歡的說法，這種強大的個人力量是神祕的、難以界定的，是只可意會不可言傳的。它既可以令我們對一個人為之傾倒，也能讓我們由此心生厭惡。有一位很出名的失聰盲人說：當某些人靠近

自己時，她能夠感覺到對方具有強烈而明顯的力量，這些因個性而異的力量有些吸引著她，有些也令她反感。她可以感覺出一個人的道德素養。她的侍者說：當某個邪惡之人靠近她時，她很明顯就會退縮，彷彿有什麼東西會傷害到她，因為她能夠感覺到這個人的人品。

海倫·凱勒是一個失聰的盲人，但她能夠很快地覺察出一個人的個性，並且根據這個人的「氣場」判斷出對方的品性。當她面對大眾演講時，聽眾席上每個人體磁場的振動讓她能夠感覺到大致有多少人在場，同時，在場聽眾的個性特徵、氣質特點也反過來影響著她。

每個人都有獨一無二的氣場。我們的思想和品性都會透過氣場向外擴散，進而吸引或排斥某些人，同時影響我們的事業。

有些人到家裡拜訪，雖然走出了家門，但他的力量仍然留在那裡；有的人甚至去世了，卻依然能讓人感受到他的影響力。對此，我們都深有感觸。這些人雖然離開了我們，但他們住過的地方、常去的場所總讓人感覺他們彷彿還在那裡。這種感覺很難解釋，卻又如此強烈。摯愛的母親雖已長眠，但家中的每個人仍然能明顯地感覺到她的存在，這種感覺一直持續許多年。同樣的，一個深受寵愛的孩子去世後，也會有類似現象。這一切並非僅僅是人們的主觀臆想，而是

我們所愛的人離開後，他遺留下的個性特徵仍然影響著我們
很長一段時間。

　　參觀過華盛頓、莎士比亞、貝多芬、羅斯福等偉人故居
的人，都能夠很明顯地感受到他們強烈的個性。他們使用過
的家具、臥室裡的窗簾、使用過的桌椅、在圖書館裡坐過的
椅子、靜靜擺在那裡的鋼琴或其他樂器，這一切無不散發著
他們的人格魅力。在惠蒂爾的舊居，我常常能夠強烈地感覺
到他的個性。

　　事實上，歲月無法抹去偉人身上散發出的人格魅力——
也就是包圍在他們周圍的氣場。狄奧多‧羅斯福（Theodore
Roosevelt Jr.）去世後，我常常帶著我的孩子們一起去參觀他
的故居（他在世時我也經常去）。看著紀念品展示室陳列的
一件件精美物品，我彷彿又一次看到這位偉人的音容笑貌，
看到他正在欣賞自己人生寶藏的身影。他的人格魅力不僅滲
透在居室裡的每一件物品中，而且感染了故居周圍的一切。
他生前經常揮動斧頭伐木的小樹林、經常鍛鍊身體的地方，
這種感染力甚至蔓延到他經常去做禮拜的小教堂。

　　我們都感受過成功人士的工作場所中彌漫著士氣高漲、
充滿活力、積極、緊張的氛圍。如果一家企業的行政部門由
一個十分有能力的人來管理，那麼，整個企業都能夠感覺到
他強大的影響力。反之，如果一個企業的領導者能力差、軟

弱、優柔寡斷，缺乏力量、活力、進取心，那麼，每個進入企業的人都會感覺到一種消極的氣氛。

一定要記住：一個真正擁有力量的人，是不會被世界遺忘的。如果你不斷產生力量，那麼，這份力量必然會從身上散發出來。你是個能力平庸的小人物還是一個具備大家風範的實力派；你能開闢出一條道路還是只能走在羊腸小徑上；你是一個巨人還是一個侏儒；你是一個輸家還是贏家，這一切別人都看得一清二楚。任何東西都無法將你的力量隱藏起來。

一個軟弱的人表現出來的只會是軟弱，無論他多麼努力地裝模作樣，想要留給他人能力極佳的印象是不太可能的。

許多人給人的感覺就像月亮，冷漠、毫無生氣，缺乏氣場也沒有吸引力，無法讓人感受到溫暖與靈魂深處的光明。另一部分人則像是太陽，向外散發著光和熱、愉快及歡樂。

威廉·迪恩·豪威爾斯（William Dean Howells）曾這樣評價朗費羅：「他從未來過，但他對我們的家庭產生了巨大的影響。」美國另外兩位深受尊敬的牧師亨利·沃德·比徹（Henry Ward Beecher）和菲力普斯·布魯克斯（Phillips Brooks），同樣具有朗費羅這種散發光和熱的精神力量。

和比徹同處一室的人都能感覺到他身上散發出強而有力的精神力量，那是一種愉快、希望、勇氣和愛的力量。波士頓的人們曾經說過，不論天氣多麼陰霾，只要菲力普斯·布

魯克斯從大街上走過，人們馬上就能感受到有一道陽光驅散了烏雲。他的個性有種神奇的力量，每個靠近他的人都能感受得到。我常常看到大街上有人從布魯克斯身邊經過時，回過頭來用驚異和讚賞的目光看著他，難以相信眼前所見之人竟然具有如此的魅力和氣質。

比徹曾說過：「能夠在不知不覺中使人們過得更好、更快樂是多麼可貴啊！玫瑰和康乃馨令我開心一整天，然而它們卻在我的陶罐裡默默無聞地擠在一起，似乎從來也不知道我在想著它們，也不知道自己為他人帶來了什麼樣的快樂。更重要的是，它們心甘情願悄然地奉獻出自己甜美的芬芳，為人們帶來勇氣、希望和快樂。而這一切正是一個心胸開闊、個性分明的人應具有的優良特質之一，讓自己快樂的同時，也讓他人快樂。這樣的人是用心歌唱的人，天性寬厚卻有很大影響力的人，沉著、樂觀的人，在不經意間就能幫助到他人的人。周圍的每個人都受益於他！」

凡有幸認識比徹和布魯克斯的人，包括我在內，都能夠很明顯地感覺到這一點。當我還在波士頓讀書的時候，我曾聽過布魯克斯的課 —— 真是永生難忘的幸事。

如果有好心的仙女能幫我實現願望，如果我只能許一個願望，那麼我希望自己能夠擁有健康、陽光的個性。因為只有良好的個性才能讓人擁有永遠的快樂，並將快樂帶給別人。

　　我們經常看到在一個家庭中，有某位成員總是散發著陽光和活力，讓整個家庭處於輕鬆愉快的氛圍當中。相反的，我們也常看到某些家庭中有個滿腹牢騷、脾氣乖戾、刻薄挑剔、心胸狹隘、難以取悅的人，讓家裡的每個人都覺得陰暗、意見不合且掃興。我認識一位母親，她迷人的個性和陽光般的品格為整個家庭帶來了生機和歡樂，無論發生什麼事，臉上總是帶著愉悅的微笑。不管是誰碰到了困難或考驗，都喜歡向她尋求建議。孩子們總是依偎在她身邊，用依戀的眼神望著她，就像向日葵總是面向著太陽一般。

　　在人生的道路上，一路走來若能始終散發出陽光和力量，帶給旁人舒適、愉快的感覺，豈不快哉？

　　有些人只要一出現，我們就能感覺到平靜、和諧和幸福，他們的靈魂具有無窮的力量，個性中的寬厚與慈愛將我們緊緊包圍。每一個和他們相處過的人都感受過這種親切寬厚的人格魅力。如果你尚未完全培養出這種個性；如果至今沒有人感受過你美好的人格散發出來的芬芳，那麼，你就還沒有將生命中最好的一面呈現出來。不論你囤積了多少錢財，也不論你有多少成就，這一切都不是真正意義上的成功，因為你的人格並未全面發展，你的生命並未得到精彩演繹。此時的你，只能說在某個專業領域獲得了成功，但身為一個人，仍留有一絲缺憾。

第 2 章
鮮明的個性更具魅力

　　在日常生活和社交活動中，我們總能碰到一些素昧平生的人。這些人絕大多數都不會令我們留下特殊的印象。他們外表平凡，舉止談吐也不突出，沒有什麼讓人難忘的特別之處。所以，他們一旦從我們的視線中消失，也隨即從我們的腦海中消失。

　　然而還有另一種人。這種人我們或許只碰到過一次，卻很難將他們忘卻，因為他們身上總有一些特質留在我們的記憶中，難以磨滅。這些人就是個性特徵鮮明的人。我們總會本能地、不自覺地追隨和服從這類人，因為他們的精神與言行舉止透露著威嚴與力量，總是能將自己的意志與思想傳遞給其他人。

　　有人說，每當丹尼爾‧韋伯斯特（Daniel Webster）出現，人們就會感受到滿滿的活力，他偉大的思想鼓舞了周圍的每個人。即使在街頭擦肩而過的陌生人，也會被韋伯斯特強烈的個性所吸引，不由自主地回過頭來再看他一眼。

　　當某個你所欽佩的人出現時，你是否覺得精神振奮、充滿力量，處理事情的能力大幅度提升？你是否覺得出於這種力量的影響，你似乎能夠成就任何事情？你是否感覺到他的力量和你的力量似乎融合在一起，他的能力和你的能力合而為一？所以，你會感到他將精神力量傳遞給了你。你或許會覺得驚奇，你竟然將自己不願對他人啟齒或者連寫都懶得寫

下來的心思全部向對方傾訴。

　　有時我們面臨緊急情況或重大危機，束手無策之際，突然有位個性鮮明的人出現在眼前，這時候一切就會豁然開朗。這個人對我們來說就像一陣及時雨，帶給我們莫大的支持與幫助。我們不再膽小，也不再懦弱，而是充滿了鬥志和效率，完全掌控局勢。我們所需要的，正是鼓勵和信心，正是來自某個靈魂人物的支持，這個人激勵我們發揮自己最大的可能性，沒有了這份激勵，我們或許一事無成。

　　據說，只要拿破崙一出現在軍隊裡，其威力相當於增加了五萬兵力。他能讓每個士兵創造奇蹟，也能讓懦夫變成英雄。他點燃了所有人的士氣，增加了所有人的勇氣與能力。只要這位神奇的領袖在場，士兵們有如神助。他對敵人極具威懾力，只要聽說部隊將由拿破崙親率，敵人立刻聞風喪膽，軍心大亂。他們知道，和拿破崙率領的法國軍隊戰鬥，簡直就像與命運之神作對。

　　湯瑪斯‧B‧古格里博士在談到拿破崙從厄爾巴島出發，向命運挑戰，和全副武裝的歐洲軍隊展開最後一場殊死戰時這樣評價道：「在這位小個子科西嘉人面前，所有皇室人員、軍人、大臣都像見了鬼魅似地倉皇逃跑。」從來沒有一個人能夠像拿破崙這樣，只用了 20 天便勢如破竹地占領了坎城，進入巴黎的杜樂麗宮。」

　　狄奧多‧羅斯福的人格力量和影響力也稱得上空前絕後。在叱吒政壇近 40 年的時間裡，他強大的人格力量為整個國家帶來了巨大的影響，而他也成為美國歷史上最偉大、最無畏的英雄之一。無論他走到哪裡，都能帶給人奇妙的感覺，即使不認識他的人，也會對他產生極大的興趣。

　　羅斯福先生的人格如此強大、充滿力量，讓人不由得聯想到山洪到來時的壯觀情景，或是尼加拉大瀑布無盡的力量。他獨特的魅力感染了周圍無數人，此種人格魅力用不可思議的力量緊緊吸引著周圍每一個人。據說，就算是那些無比固執的人，一旦進入了他的磁場範圍，也會改變想法，漸漸地和他的想法趨於一致。

　　一位很了不起的編輯對他的朋友說起羅斯福時說：「我並不是羅斯福的崇拜者，你也知道，我在報紙上已經抨擊他多年了。我並不贊同他的觀點，但是我必須承認：當我和羅斯福同處一室，我必須盡全力來抵制他的思想，他簡直就像磁鐵一樣具有吸引力。他是最優秀的人之一，和他交談 5 分鐘後，我必須花上 24 小時才能擺脫他強大的個人影響力，重新回到我的思路，繼續挑戰他！」

　　正如太陽能夠吸引九大行星一樣，像羅斯福這樣的偉大人物能夠以其獨特的人格魅力讓無數人感受到他強大的號召力，以及難以名狀的影響力。

在羅斯福被提名為總統候選人的那一屆內閣會議上，我正好也在白宮。當時出席會議的不僅有政府要員，還有美國最高法院成員、國會核心人物，以及來自各州的傑出政客。那屆會議可說是聚集了全美國的精英人物，羅斯福總統輕而易舉地捕獲了在場所有人的注意力，他的演說讓前面登臺的每個人都黯然失色。

有些人的影響力只能吸引某個特定類型和氣質的人，對其他類型的人發揮不了任何作用，但羅斯福的人格力量卻吸引著各類人。放眼世界各地，不論是和知識分子或教育程度低的人相處；不論是與智者或未開化的野蠻人在一起，他都能引起人們的注意。他被全世界諸多國家甚至部落所知曉。

當塔虎脫先生（William Howard Taft）擔任總統時，我正在阿拉斯加的印第安部落居住區旅行。其中一個部落首領不知何故知道了我認識羅斯福總統，於是他把我叫到旁邊，告訴我政府正計劃將他們從自己最喜愛的島上驅逐，而這個島是他們世代繁衍的地方，所以對他們來說無比珍貴。阿拉斯加所有的印第安部落都將被迫北上。他請求我傳話給羅斯福總統，能否將這個計畫終止。我告訴他，羅斯福已不再是總統了，塔虎脫總統才是能幫助他的人。但他卻固執地認為，除了羅斯福，他誰也不相信，誰也無法幫助他。

個性鮮明的人幾乎在任何時候都能勝出。有一次，某位

記者前往採訪洛德‧諾斯克里夫，回來後有人問這位記者有什麼收穫。「收穫？『損失』還差不多。我在他那裡一無所獲，他卻在我身上撈了一把。」

有一次，我派一個年輕人去採訪紐約一位優秀保險人，想了解他如何從一貧如洗奇蹟般地爬到了今天的位置。回來後，我問這位年輕人是否了解了這位保險人的奮鬥過程，他回答：「沒有，但他卻得到了他想要的。」這位年輕人買了一份 5,000 美元的保險，他說他知道自己買不起，卻又無法抗拒。

偉大的律師魯弗斯‧喬特（Rufus Choate）是一個誠實的人，他只願意做正確的事情。然而，他生來就具有極強的說服力和儒雅的舉止，足以左右某些意志薄弱的陪審團成員，使他們做出喬特想要的判決。這位偉大的辯護律師能夠在特定時刻將自己的想法灌輸給陪審團，使他們遵循著辯護律師的思路。陪審團會在不知不覺中按照他的方式去思考，接受他的觀點。他的影響力魔咒般地控制了法庭上的每個人，即使在做出裁定之後，影響力仍然存在。陪審團成員常常感覺到這種力量在宣判過後的幾天裡仍然能夠左右他們。

詹姆斯‧G‧布萊恩（James Gillespie Blaine）能夠用他強有力的人格魅力影響一大批人。霍爾議員晚年時說過：「即使是敵人也難以抗拒他的魅力。無論他走到哪裡，旁人都能感受到海約翰（John Milton Hay）所說的那種「狂熱的愛」。」

關於喬治・威廉・柯帝士，威廉・迪恩・豪威爾斯（William Dean Howells）這樣寫道：

「世界上有許多偉大人物，他們的名字代表著某種力量。這樣的人即使與世長辭，人們也不會隨著時間的推移將他們淡忘，因為不論他們是生是死，他們和我們之間的距離都是相同的。他們從未來過我們生活的地方，但只要閱讀過他們的書籍、聽過他們的事蹟，都會感覺到他們就在身邊，時刻陪伴我們左右，如同我們的朋友。即使在今天這個瞬息萬變的電子時代，印在郵票上的頭像也會令人想起他們，永遠無法從記憶中抹去。」

第一次世界大戰期間，人們無數次感受到了人格的偉大力量。珀欣將軍、貝當將軍、霞飛將軍、福熙將軍、黑格將軍，他們都是改變世界命運的領袖。

時間無法為強大的人格魅力設限。湯瑪斯・愛迪生、前哈佛校長艾略特（Charles William Eliot）、小約翰・戴維森・洛克斐勒（John Davison Rockefeller, Jr.），他們雖已離世，其個人影響力仍舊對這個世界有著深遠的影響。

菲力普斯・布魯克斯告訴我們：「我們應該感謝生活中的多數事物。例如：夜空中的繁星默默地將光輝灑向大地，我們抬頭仰望星空時，便能感受到寧靜悠遠的力量，獲得勇氣。如果我們無法造福他人，那麼，相信自己能夠成為一位

樂於助人的人也未嘗不可。只有讓世界因自己的美德變得更加美好；只有以自己的美德幫助或安慰他人，一個謙卑的人才能真正強大、文雅、純潔且端正。」

第 3 章
成為你想成為的人

坎特說過：「教育的目的是讓每個人都能盡其所能地發掘自己的才能。」

另一位作家說：「人生最大的任務，就是找到自我、實現自我，並將自我的能力發揮到最高境界。」

我們的內在其實存在兩個自我：一個是當下的自己；另一個是可能成為的自己，即潛在的超我。我們都知道自己一路走來做了些什麼，也知道自己目前的處境，但是對於那些未完成的事情，以及那個未曾實現的自我，我們只能報以遺憾。

儘管世界總是以個人現有的成就來評價我們，但是，我們卻應該按照自己的能力、自己的發展空間來衡量自己。我們內心總有一些聲音不停地告訴自己：我們一定有能力做出比現在更了不起的事。那麼，為什麼不從現在開始實現更大的自我價值呢？

「你將成為的那個人，就在前方等著你。」

或許，你已經不只一次發現到他，就在你躊躇滿志、意氣風發的那一刻，你已經看到了那個了不起的自己 —— 你所渴望成為的樣子。那麼，你為何還要將他藏在幕後，讓平凡的自我主導你的生活呢？每個人都可以成為更偉大、更優秀的自己，何不將他喚醒，將你的生命意義傳遞給全世界呢？

許多人之所以未能實現偉大的自我，主要原因之一就是他們對自己的潛能一無所知。如果我們對自己的能力抱持自

貶、保守的態度，必定難成大器。

　　生命就像一塊大理石，需要靠我們自己來雕琢。我們的生活取決於大腦中的構思。想要塑造偉大的人格，必須先有偉大的思想。任何雕塑家開始創造之前，首先要在心中有一個總體的輪廓；任何畫家都是胸有成竹之後，才開始揮灑潑墨。人只能隨著自己的思想前進，任何畫家，如果他心中所想的是猶大，那麼，他就絕不可能讓耶穌躍然紙上。在他下筆之前，腦海裡必定要先構思出耶穌的樣子。同樣地，一個建築師必須先畫好建構圖，方可建起一座宏偉的大廈。建構圖也就是建築師的思考藍圖。

　　每一天，你都在改變著自己的生活。今天的你已不是昨天的你，永遠不可能回到過去。生命處在連續不斷的變化當中，身體裡數以百萬的細胞也在不停地更新、變化。你的氣質也將受到思想的影響。欲望和情感塑造了一個人的氣質。

　　如果你想在外表、思想、道德和精神方面都表現出卓越和超群的氣質，那麼，你就要不斷地去描繪自己達到最高境界的那一刻，並努力讓這些特質成為打造你生活的範本。任何時候都應對自己抱持正面積極的想法，告訴自己在任何方面，無論身體與心靈都是美麗的。把自己想像成理想中的樣子，完美是你與生俱來的權利，那是你身體中的每一個細胞都能夠達到的最終目標。

趕走你的自卑。如果你自認為有這樣或那樣的缺點；如果你不能將這些想法拋在腦後，重新描繪生活的藍圖，那麼你永遠不會進步。

假設一個年輕人想要學習法律，並打算將法律作為終身的事業，然而他卻總是想著自己永遠也不可能成為一名好律師，他竟然不斷將自己想像為一個差勁的、能力有限的律師。那麼，你認為他什麼時候才能成為法律界的精英呢？他永遠也無法達到自己理想的目標，除非他能改變自己的想法。

你必須將事業中的一切理想化，戰勝自己的軟弱，將生命中的才華發揮得淋漓盡致。你應該為生活設計一個偉大的範本，並不斷延伸、擴大它，在這裡，無知將不再有容身之地。只要你還認為自己是一個軟弱無力的傢伙，一個沒有骨氣、沒有個性的人，你就無法振奮起來成為一個強大的人。因此，你一定要杜絕自己不如人、能力不足的想法，要時時想著自己是能力超群的。要做自己的主人。

世界上還沒有哪個能將天賦發揮到極致。我們都是平庸的人，就算再頂尖的專業人員在創造和生活方面依舊是業餘水準。比起我們可能成為的人，我們依舊是弱小的。

我的朋友，你的內心早已鎖定了各種力量和潛力，如果你善用它們，你的生活就會發生重大的改變，甚至心想事

成。那麼，何不將這扇門打開，釋放內在的力量，喚醒潛力無限的自我呢？

你內心深處真正的自我並非今天的你，並非那個只會做一些微不足道的小事，讓自己不滿、失望的你。。你理想中的、潛在的那個人，才是一個真正強大的人，是你應當去鼓勵的自我。他不是那個因碌碌無為而令你蒙羞的人，而是你渴望成為，並且可以成就的擁有至高無尚人格的人。

我們完全是自己思想的產物，是對自我深信的結果。日復一日，你會不斷朝著自己想像中的一切靠攏，你會漸漸成為自己想法中所設定的那個樣子。你希望成為的那個人，此刻正透過你的個性、人格、成就漸漸顯露出來。也正因為如此，你所懷有的理想、你為自己打造的模式才會加速或阻礙你自我發現的過程。

許多人自暴自棄，看輕自己的價值。這或許和他們從小的家庭環境有關。如果從小就不是十分活躍的孩子，老師和父母經常不滿意他的課業表現認為孩子遲鈍、不夠優秀，那麼，久而久之這種印象就會深深地烙印在他們的潛意識當中，成為生命的一部分。這時候想消除這種錯誤且狹隘消極的想法就很困難了。，即使此時他有了更大的理想，這種潛意識也會影響潛力的發揮。想對自己有客觀公正的判斷，唯一途徑就是了解自己天性中具有聖潔的力量。每個人都不應

該有自卑的想法，在一個人真正的自我中根本就不存在任何次等的東西。

許多靠自己的努力獲得極大成功的人告訴我，當他們還是卑微的小職員，有的甚至只是辦公室打雜人員的時候，他們就下定決心要成為所在公司的合夥人，或者自己也創辦一家類似的公司。那時候他們並沒有意識到，按照自己心中堅持的理想，他們不停地將自己想像成一個獲得巨大成功的人，這一切其實就是一種巨大的創造力和動力，正是這種力量為他們帶來了渴望已久的結果。

珀欣將軍在很小的時候就夢想成為一名軍人。他心目中的英雄是喬治·華盛頓。可惜家道中落，為生活所迫，他只能去教書，與成為軍人的夢想相去漸遠，但這一切絲毫沒有削弱他對成為一名偉大戰士的渴望。從孩提時代起，他就一直為這個理想努力著，最終從密蘇里州的一名年輕的窮教師逐漸成為美國駐法遠征軍的傑出領袖，成為第一次世界大戰中僅次於福煦將軍的一代名將。

菲利浦斯·布魯克斯曾經說過：「每個人的靈魂中都隱藏著一些東西。所以在生命中的某個特定時刻，就會產生一種力量極為強大的、令人震撼的渴望，想要大展身手，做出一番豐功偉業。生命中無盡的力量泉源恰恰就潛藏在一個人渴望拚盡全力的衝勁當中。」

　　生活中最大的悲劇之一，便是對自己的天賦渾然不知。如果我們能夠在任何情況下都全力以赴，那麼，我們每前進一步，每做出一次努力，都會找到新的力量。如果你閱讀過歷史、傳記方面的書籍，你會發現書裡的每一頁都有很好的佐證。凡是如同燈塔般照亮了人類文明的巨人們，都是毫不懈怠地去實現埋藏在靈魂深處的崇高理想的人。

　　你，同樣也可以獲得巨大的成功——如果以正確的方式去追求它。只要你願意，你就能成就一番了不起的事業。路就在你腳下，內在的力量讓你能夠做你想做的事，成為你想成為的人。如果人類是一片森林，你要成為一棵筆直的參天大樹，而不是一株低矮的灌木，要實現這一切，你所需要的就是意志力、精力和決心。

　　不要讓那些指手畫腳的人破壞了你的理想。堅信自己的能力，而不是一昧想著自己有多少缺點、多麼差勁、效率多低、能力多麼有限⋯自信會對你的個性、生活產生極大的影響。想做到完美，你首先要相信自己是完美的;想要有效率，你要先相信自己的效率。

　　「我很健康、我充滿活力、我生機勃勃，我是真誠、真實的，我是完美的，我身體裡的每個細胞都充滿了效率，我活力四射。」只要你對自己有信心，抱持這種想法，你就會成為這樣的人。

艾拉・惠勒（Ella Wheeler Wilcox）在一首名為〈告白〉的優美短詩中這樣寫道：

> 我的安詳一如既往
> 縱然欲望在我無助的心中掀起驚濤駭浪
> 我的沉著，用它甜美的靜謐告訴我
> 什麼才是波瀾不驚
> 縱使胸中怒火中燒，髮可衝冠
> 我仍要告訴自己，冷靜方為本色
> 縱然發熱令我頭疼欲裂，我仍擁有健康
> 緊咬牙關我堅持，力量也將因此而倍增
> 只有病痛過後才能體會到完美的健康
> 這便是最終的補償
> 我在病痛折磨的日子和不眠之夜裡
> 總大聲告訴自己，健康屬於我，我有權擁有
> 縱然饑寒交迫，衣衫襤褸，我仍擁有成功
> 流浪是短暫的，我會微笑著告訴自己
> 我擁有快樂，雖然這只是時間問題
> 明天，好運就會來到身邊
> 上帝是我的父，他擁有未知的財富
> 健康、幸福和金錢 —— 我將共有他的一切

第 4 章
人格魅力讓你站得更高，走得更遠

　　人格魅力是一種只可意會不可言傳的東西。任憑你多麼妙筆生花；任憑你多麼巧言如簧，也無法為它下一個準確的定義。雖然語言太過粗糙，無法表達人格魅力的精妙之處，但我們仍然能夠感覺到它強大的力量，以及它對我們所產生的魔力。任何一張漂亮的臉蛋，任何一副迷人的身材都無法和完美的人格魅力相匹敵。縱使一個長相平平、身材不完美的男子或女子，只要他／她施展了人格魅力，那麼，最漂亮的容貌和最優雅的身姿也會在他們面前黯然失色。例如埃及豔后克里奧佩特拉，即使歲月也無法奪去她的多彩多姿，這個魅力無窮的女人總有她獨到的迷人之處。

　　不論是在哪個時代，男性對漂亮的面孔和美妙的身姿總是抱持著崇拜心理，而擁有強大個人力量的女性則不依賴外表的魅力。一位作家說過：「一般而言，最受人們愛戴的女性都不是嚴格意義上的美女，但她們身上卻具有無法描述的特別之處，我們只能將它稱為個人魅力。她們不經意間流露的優雅舉止，為他人著想的態度，以及充滿智慧的談吐，令人如沐春風。最重要的是，她們特有的同情心具有一種神祕的力量和親和力，如月球帶來潮汐般吸引著朋友向她們靠攏。」

　　歷史上有無數女性，她們容貌一般，卻為當時的時代帶來了巨大的影響。法國大革命之前，王室中許多重要的領導者皆為相貌平凡的女性。龐巴杜夫人（法國國王路易十五的

情婦）除了容貌，在其他任何一方面可以說都是完美的，她也較不受國王支配。個人魅力是一種難以抵抗的東西，它能夠撼動法官或陪審團，甚至能夠改變一個國家的命運。當我們面對一個人格魅力極強的人時，我們很難硬起心腸來拒絕他／她。

最近，我聽一位男子提及，當他最後一次見到快過七十歲生日的愛蘭・黛麗（Dame Alice Ellen Terry）時，她正用雙手托著下巴，深邃的眼神一下子穿透了他的心。那並非來自青春妙齡的魅力，卻具有任何一張年輕面孔所無法匹敵的魔力，這種力量一下子就將他牢牢吸引。七十五歲的莎拉・伯恩哈特（Sarah Bernhardt）已經年老色衰，然而，她依然具有難以言狀的魅力，用她獨特而顯著的方式緊緊吸引著人們的注意力。

據說，來自那不勒斯的克里奧佩特拉和瓊安娜二世有令人吃驚的身體缺陷，影響了她們的外貌，卻絲毫沒有減少她們的魅力。一些現代作者說，克里奧佩特拉根本一點也不美。

女性通常過於在意外表，而忽略了內在魅力的重要性。即使是用個人魅力征服了無數偉人的法國著名女畫家斯塔爾夫人，也無法抗拒對迷人外表的渴望，她竟然聲稱自己情願放棄所有的學識和才華來換得迷人的外表。許多女孩因為平

凡的外貌和身材而哀傷嘆息，並因此變得嫉妒和悲觀。但是，她們卻沒有意識到，在她們的內在潛伏著了不起的才能，這些才能一旦被喚醒，定會令她們更受歡迎和愛慕，這種魅力足以彌補容貌或身材上的不足，甚至超越她們所嫉妒的美麗女孩。

有一類女性，她們外表並不具吸引力，但卻擁有相當強大的人格魅力，這種魅力來自性格中的美德、靈魂中的優雅，以及骨子裡的女性溫柔。因此，每個人都認為她們是美麗的，可愛、純真、甜美遠勝於單調的外在美。

個人魅力並非與生俱來的，所以許多人認為不可能擁有它。因此，許多女孩子一生過著依附他人的生活，絲毫沒有吸引力和魅力。但是，她們若能提升自己的素養，充分展現身為女性的社會價值，讓自己因此引人注目，那麼，她們必將成為更有吸引力和影響力的女性。

個人魅力由許多因素構成。我們都知道，具有這種特質的人往往都有一顆善良的心，他們慷慨、無私、寬容、具有雅量。凡是心胸狹隘、舉止猥瑣、生活觀錯誤或扭曲的人，又或者天性自私、貪婪、喜歡投機的人，都不可能擁有獲得大多數人友誼的魅力。一個具有道德的人必然是一個倍受歡迎的人，就算自身並不擅長社交，只要透過培養，獲得高人氣也並非難事。

　　歷史上有許多這樣的例子，很多殘疾的人憑著不可思議的人格魅力戰勝了身體上的缺陷，獲得巨大的成功。許多相貌平凡的女生，憑藉著努力克服了外表的不足，成就了許多令人驚嘆的成績，而這些成績只能依靠堅定的意志來實現。

　　為了不想再受人恥笑、鄙視而努力，最後得到的結果卻往往令人大吃一驚。

　　我認識一個女孩，她長相普通，極不討人喜歡，除了幾個親近的朋友之外，似乎沒什麼人喜歡她。她對自己的不受歡迎十分敏感，也很懊惱。這種痛苦如此深刻，令她無法釋懷，所以她最終決定要戰勝自己的弱點。她雖然不像妹妹那樣有張迷人的臉蛋，但她卻憑著內在美，變得和妹妹一樣受歡迎。她有目標地、堅持不懈地提升自己的內在，並且廣泛的閱讀。她尤其喜歡閱讀哲學書籍，這對心靈提升很有幫助。她總是思考美好的事物，並對未來抱持崇高的理想。她開始發掘自己性格中可愛的地方，並且一直想著自己會變得很美、很有吸引力，因為她深知心靈的美好更為重要。她學會了擺脫自己不漂亮、不受歡迎的念頭，只向理想的自己看齊沒過多久她便發現：她的外表正在被這些美麗的想法所改變，她正在贏得先前排斥她的人的喜愛，最終，她的善良、禮貌和無私令她受歡迎的程度超過了自己美麗的妹妹。

　　在任何一個聚會中，她都是那麼受歡迎，漸漸成為鎮上

社區事務的領導者。她為自己打造了一個美麗的靈魂，這令她極具吸引力，讓人們忘掉了她平凡的五官。

瑪格麗特・博福特王妃在致女兒們的信中這樣寫道：

想著美麗的事物，希望自己美麗是人之常情。但是，你們應該去追求一種更深層次的美，那便是性格上的美。只有性格上的美才是永恆的美麗，才是歲月無法銷蝕的美麗。每天你都可以運用這些特質讓自己更加美麗，它們分別是 ——愛、歡樂、平和、和善、文雅、仁慈與樂於助人。

只要不吝惜展現這些能夠讓你更加美麗的特質，你性格上的缺點就會逐漸減少，你因焦慮和耿耿於懷所導致的皺紋就會逐漸消失，你將獲得真正的美麗。

面貌能夠反映一個人靈魂深處的美麗。優秀的女性往往能將內在的東西透過臉部表現出來，就算臉龐並不是完美的，也絕對比一張靈魂空洞的洋娃娃臉更具吸引力。只有精神上的互動才是真正意義上的交流，才能讓我們有真正的滿足感。

父母最應該關心的是培養孩子良好的習慣，塑造高尚的人格。然而很多時候，父母卻將這一切視為可有可無。有那麼多原本美好純潔的少年，在漸漸步入成年階段時非但沒有培養良好的習慣，反而養成了令人為之蹙眉的個性，令人惋惜。在擁擠的火車、汽車上，或在一些公共場所裡，總能

看到一些令人反感的人，這些男男女女行為自私，行事粗魯，不顧他人的感受，可以看出他們從年幼起就缺乏良好的教養。

　　一個討人喜歡、令人感興趣、具有魅力的人絕不會是一個沒有能力的人。如果一個人天生沒有這些性格特徵，可以經由後天的努力逐漸培養。我們總是十分欽佩那些富有人格魅力的人，卻極少努力在自己的孩子身上培養這種能力，讓他們將來也能成為這樣的人。

　　落落大方的舉止、迷人而富有吸引力的外表、禮貌而深得人心的做事方式，再高的學歷也不比上述更有價值，因為這一切才是決定一個人人格魅力的重要因素。

　　擁有魅力的光環對於女性的一生來說至關重要的。假如她不論走到哪裡都散發著甜美的氣息，讓人眼前一亮；假如她外表打扮得體，舉止迷人，那麼，她便擁有了一種由內而外的力量，我們通常將這種力量稱為知性美。我認識許多具有這種迷人魅力和個性的女性，面對這樣的女性，你幾乎會忍不住在她們需要的時候付出你的全部。

　　對於在 18 世紀末 19 世紀初曾撼動巴黎上流社會的雷卡米耶夫人，以及她所具有的魅力，一位歷史學家做出了這樣一番評價：

「這位美麗的夫人不僅擁有最高層次的知性美，且待人極為真摯誠懇。在她青春年少之時，生活的熱情來自於幫助他人；在後來的幾年裡，這種熱情略微減退，但隨即又轉化成了一種發自內心深處的情感，這種情感就是努力讓身邊的每一個人快樂。」

如果你想讓自己被魅力的光環所籠罩，那麼，任何事情也無法阻擋你獲得成功。任何人都可以擁有像雷卡米耶夫人那樣的美德，在這個世界上，只有道德的力量才是最強大、永恆的力量，也是人人都可以具備的力量。

第 5 章
優雅與平和的個性是一筆財富

有一次，有人問起美國一位金融巨頭是如何為自己的公司物色人才的，他回答道：「我要尋找的人，首先必須具備優秀的品德。」換句話說，員工的個人素養對他來說十分重要。如果他能找到一個人品端正、有敏銳的商業頭腦、誠實又忠誠的人，就像是擁有一筆價值不菲的財富。

因為有品德者具有的能力更容易得到人們的認可，更有影響力，所以，優秀的人格能令一個人的能力倍增，而這一切也恰恰是商業人士所追求的。一個人的價值，單單用能力來衡量是不夠的，還包括其他因素，例如：說服力、令人感到愉快的能力、引起人們興趣的能力、以及令人信賴的能力。

你的個性是令人如沐春風呢？還是讓人感到不悅？你是否讓每個和你打交道的人感到反感？這對於你成功的人生至關重要。在商業往來中，個性的作用如同它在社交活動中所扮演的角色。你的薪資取決於它，合作關係建立在它的基礎上，在很大程度上，財富的累積也受到它的影響。一個討人喜歡的個性所產生的影響往往會勝過財富或地位的影響力。

不久前，我聽說了一位年輕人的經歷。這位年輕人無論外表、專業技能，還是教育程度，都符合他所在的職位條件，然而，他卻未能勝任這個重要職位。他擁有所有的優勢，唯獨一件事情除外，那就是他交不到朋友，也留不住朋友。這位年輕人不論走到哪裡，雇主和同事都對他的工作能

力和教育程度無可挑剔，但他就是不能和其他人融洽地相處。他非常自我且盛氣凌人，雇主和同事們都不喜歡他。他一點都不合群，而且總給人高人一等、喜歡左右他人的感覺。正因為如此，雖然他擁有高學歷，也有能力，但始終無法保住理想職位。

阿諾德‧貝內特（Enoch Arnold Bennett）說：「生活的藝術，汲取全部個人力量的藝術，並不完全來自書本教育，也不在於刻意地追求外表美麗，更非王權所能支配。主要在於一個人平和的心態，那是一種完全徹底的平和，這種平和能夠帶動周圍的每一個人。」

許多人職涯發展不甚順利，主要原因是他們無法和別人友好地相處。他們讓身邊的人感到苦惱不已，他們充滿偏見，帶著有色眼鏡且狹隘偏激。這種人通常不快樂，因為當他們自己有麻煩的時候，總認為是別人的錯。他們並沒有意識到，待人友好、和善，以及保持友誼的能力在生活中有多大的作用。

美國有一位偉大的律師兼外交官約瑟夫‧H‧喬特，他極具親和力和個人魅力，連許多未曾相識的人都十分喜歡他。毫無疑問，這一點是他被任命為駐英國外交官的重要因素。其他的律師或許能力比他強，但是他身上卻擁有一種奇妙的、令每個人都喜歡他的魅力。正是他的個性讓他的精神力量得以倍增。

　　不論你的職業是什麼，提高自己的受歡迎程度總是件值得的事情，因為受歡迎就意味著力量和影響力。受歡迎意味著贏得客戶，讓你在不知不覺中得到他人的全力支持。

　　我忽然想起一位富有個人魅力的銷售人員，一個天性溫文爾雅、待人友善、寬宏大度的人，他用不著刻意去做什麼，就能有很好的銷售業績。我常常會向他買一些自己並不十分需要的東西，僅僅因為我喜歡他的性格而已。他並沒有逼著我去買，我買他的東西只是因為我喜歡這位銷售員。他是如此幽默、有吸引力，每個人都喜歡跟他買東西。這位男士並沒有像其他銷售人員那樣反覆強調自己的產品，竭力表現熱絡，想留給他人一個好印象，然後再藉機銷售。他僅僅是散發著自己的光和熱。他讓我想起了一則寓言故事，講的是太陽和風在比賽，看誰能讓一個正在地面上行走的人脫去他的斗篷。風拚命地吹，企圖將行人身上的斗篷颳跑，然而，這個人卻將斗篷裹得更緊了。接下來，太陽將溫暖、柔和的光照在行人身上，他感到越來越熱，最後脫掉了自己的斗篷。陽光僅僅是照在行人身上，在無聲無息之間就做到了風用盡蠻力無法做到的事情。

　　如果我們分析一下哪些特質能讓我們在商場或職場獲得成功，然後以百分比將它們排列出來，我們就會發現，文雅的舉止和取悅他人的藝術占了 25%，甚至 50%。

　　很少有人意識到，寬厚的個性會產生多大的影響，我們只知道，這種性格影響著一個國家的立法，能夠造就有號召力的總統。誠然，寬厚所產生的力量有時或許並未得到恰當的應用，但我們絕不能否認它對國際事務有著極大的影響力。

　　擁有寬厚個性的人能夠為全世界造福！誰又能猜測出這種品格對於新聞記者和特派員而言具有多麼大的價值！據說，整個歐洲很少有人或機構拒絕德‧布洛威茨，他甚至能夠進入那些專用的私人辦公室或場所。在他強有力的個人魅力面前，所有的對手似乎都得退讓三分，對別人緊緊關閉的門也會為他而打開。

　　一些具有個人魅力的雄辯家能夠強烈地吸引聽眾，對聽眾所產生的影響遠遠超過了理性，這種力量似乎是一種獨立於演說詞以外的東西。其他的演說家可以使用同一篇講稿，但他們百分之百無法像天才演說家那樣展現出魔力般的神奇效果，那樣深深地吸引聽眾。

　　據說查爾斯‧狄更斯（Charles John Huffam Dickens）具有強大的個人魅力。當他走進房間時，感覺就像一團火焰，一下子就溫暖了周圍的每一個人。據說歌德同樣具有超乎尋常的個人魅力，不論他走入哪家餐館，用餐的人們都會放下手中的刀叉，向他投以景仰的目光。有人甚至說獨立戰爭中的

士兵們不是在為自由而戰，而是為華盛頓而戰，只因為華盛頓擁有強大的人格魅力。

著名的建築師查理斯‧F‧麥金留給世人的作品有紐約公共博物館、哥倫比亞博物館、麥迪遜廣場花園和同在紐約市內的賓夕法尼亞航空站。艾爾伯特‧凱爾西在費城《公共記錄報》中曾對查理斯做過這樣一段描述：

「當聖‧高登斯（Augustus Saint-Gauden）還是德國的一個小鎮男孩時，就常常稱這位賓夕法尼亞人為『迷人的查理斯』。他給人教養良好、安靜平和的感覺，有一種讓人難以抵擋的吸引力，再加上他堅持不懈的精神，這一切令他能夠克服巨大的障礙。」

在商場上，我們每天都能看到個人特質所發揮的重要作用。

我們都喜歡和容易相處或氣味相投的人來往、做生意。不論是購買商品還是預訂住宿、車票，我們寧願選擇較遠的路程只為了更好的服務。同時我們盡量不去和難相處的、冷冰冰的、不友善的人打交道，因為這樣的個性無法贏得生意和朋友。

某位旅店老闆因其親切的態度、熱情的服務、關注客戶需求，以及對每位客戶一視同仁的禮貌而建立起一個龐大的顧客群，將事業經營得有聲有色。然而，一家聯合企業出高

價買下了他的旅店。新上任的經理和業務員在業務能力方面同樣出色，但是缺乏之前經營特色中的親切感，很快地，旅店就流失了許多老客戶。就這樣，他們失去了「友好」這筆珍貴的無形資產。

有些時候，個人特質往往能勝過其他方面的影響力，最終讓一個人達到成功。如果你想拿下一大筆商業訂單；如果你想獲得特殊的優惠待遇；如果你希望得到他人的幫助，僅僅依靠電話或信件是不夠的，因為任何方式都比不上親自拜訪面談所收到的強有力的、極具影響力的效果。

一位傑出的保險經理以善於雇用有能力的保險業務員而著稱。這位經理十分注重面試時對方留給他的第一印象。

許多年來，這位保險經理的辦公桌一直設在一間狹長辦公室的最裡面，如此一來，只要應徵者一進入辦公室，他就能夠看到對方的整體形象。他思維敏捷、目光敏銳，能夠捕捉到任何表露出一個人能力的細節。他正是根據這些細節來對一個人的能力做出評判的。他會仔細觀察應徵者的動作、走路的姿勢和甩手臂的樣子。手拿帽子的姿勢、入座的方式、談話的方式、禮儀舉止，尤其是應徵者的眼神，他必須知道眼前這位應徵者內心是坦蕩的還是鬼鬼祟祟的。一個胸襟坦蕩的人與你交談時，眼神透露著正直，沒有絲毫退縮，表示他的想法是堅定的。他是自信的，通常也是正直的。應

徵者的一切都在保險經理謹慎而經驗老道的考察之下無所遁形。考察過程分為三個步驟。他先提出各種問題，目的是要激發應徵者，以衡量他們的能力、毅力和耐力。他想知道眼前的應徵者是一個有鋼鐵般意志的人，還是一個容易受干擾，動不動就灰心喪志的人。簡而言之，他想知道應徵者是否具有獲勝的素養。

這位保險經理一直認為，外在形象對於一個好的保險業務員而言並不是很重要，但是，一個人由內而外所散發出的氣息，也就是無形的氣場卻決定著一切。

不論是男性還是女性，良好的教育固然是一個優勢，但是大多數人都太過強調教育背景、天資稟賦和專業技能。我們似乎覺得這些才是決定一切的因素。但是與才華學識相比，一個人的性格特徵與能否取得成功關係更為密切，也更容易決定一個人的社會地位。

在我們周圍總能看到這樣一些人，他們所得到的一切顯然和他們的「實際」能力不成正比，但他們卻擁有討人喜歡的個性。人們都喜歡和寬厚的人在一起，誠如這句話所言：「是你的微笑讓你在事業上一帆風順。」

桃樂西．迪克斯說：「在辦公室裡，一位美麗、文靜、面帶微笑、富有情趣又開朗大度的女孩就像一道陽光。她的個性就像奇妙的催化劑，讓周圍的每個人都感到很舒服，也讓

整個辦公室裡充滿寧靜、愉快的氛圍。擁有良好的個性和擁有廣博的才學之間並不衝突。一個面帶微笑的人可以是一流的會計師。銷售人員在學習行銷技巧的同時，也應該學習如何提升個人影響力。對打字員來說，熟悉鍵盤和熟悉社交活動同等重要。」

　　一位作者在《經營中的哲學》一書中這樣寫道：「我將商業往來中理想的個性定義為 "personality"。以這個名詞的每個字母為首，我總結出了下列幾個語詞：堅持（perseverance）、熱忱（earnestness）、可靠（reliability）、誠摯（sincerity）、樂觀（optimism）、不矯飾（naturalness）、能力（ability）、忠誠（loyalty）、主動（initiative）、條理分明（tidiness）、渴望（yearning）。或許我們應該將渴望排在第一位，因為正是這種不斷自我提升的欲望，以及積極發揮最大能力的精神，激勵著一個商業界的成功者不斷去追求以上提到的幾項特質。」

　　不論身處何種行業，你都不能低估培養吸引力的重要性。這些優秀品格在生命初始的時候就伴隨你而來，只等著你去發現它們。一個人只有不斷進行自我發掘和培育，才能擁有至高的人格魅力。

第 6 章
美好的個性吸引美好的事物

　　如果你仔細觀察周圍的人，你就會發現每個人都像一塊磁鐵，能夠吸引與自己相似的事物。

　　有的人能夠吸引令人愉快的人與事，而有些人似乎總免不了招致一些討厭的、讓人不愉快的事物。有的人是一塊快樂的磁石，總被歡樂、愉快、美麗的事物所包圍，而有的人卻是一塊陰鬱、悲觀、喪氣的磁石，遭的一切總帶著憂傷、黯淡、乖僻的色彩。有的人是一塊幸運磁石，能夠讓好運、富足、心想事成一路滾滾而來，有的人卻正好相反，十之八九會吸引一些不幸的事情。對這些人而言，沒有一件事情是順利的，時機總是不對，機會不是來得太早就是來得太晚。當他做好準備時，機會不是已經離開，便是尚未到來。其實原因全在於他自己，有一句話叫「物以類聚」，每一樣事物都具有吸引類似事物的性質。

　　亨利・沃德・比徹曾說過：有些人會陷入不好的處境，那是因為他本身就具有某些負面的傾向。比徹之所以能夠吸引人，那是因為他本身就做得很好。就像花朵總喜歡朝著太陽，一些光明的、令人愉快的事物自然而然就來到了他的身邊。無論他所處的環境多麼陰霾黑暗、疾風暴雨，總會有一層陽光包圍著他。這個世界上一切物體的運行都是在外界力量的作用下發生的，任何物體都只會對類似於自身的東西做出反應。

　　我們對其他人所產生的感覺，包括情感、情緒，其實都直接反映了我們自身的性格。我們對他人的感受恰恰反映出了我們對他們的態度和心態。如果我們總覺得別人多疑、嫉妒心強，那就表示我們自身性格中有這些缺點。

　　如果你希望自己擁有完美的個性，能吸引期待的人和事，你就必須根除天性中一切不友善、令人反感的特質，培養自己的愛心和樂於助人、善於鼓勵他人的品格。

　　我認識的一位年輕人心裡十分鬱悶，他說自己沒有魅力，不受歡迎，向我求教如何才能讓自己具有吸引力。我請他研究一下那些有吸引力的人，多留意這些人身上有些什麼特質。

　　這位希望培養個性魅力的年輕人是一個很有志向的人，但他的志向是出於自私的理想。他勤奮好學，希望自己能出類拔萃，他希望能夠從別人那裡獲得許多東西，卻從未對他人有過任何付出。然而，真正具有人格魅力的人，卻與他相反，他們樂於奉獻。他們之所以能夠擁有吸引力，是因為他們全身上下都充滿了各種個人魅力。如果仔細觀察某個極富人格魅力的人，就會發現，他身上有一種和善、寬厚的天性，是一個目光長遠、寬宏大量的人。

　　自私自利、心胸狹隘、刻薄小氣，尤其是喜歡嫉妒他人的人，是永遠也不會有吸引力的，能夠帶來吸引力的是那些惹人喜愛的特質。因此這位向我諮詢的年輕人如果培養這些

素養，就無法獲得個人魅力。

「愛是一切甜美個性中最基本的要素。」

要想獲得朋友，要想贏得愛戴，你必須讓自己成為一塊愛的磁石。你必須讓周圍的人感覺到你友好、樂於助人、友善、充滿愛的態度。如果你所表現出的是苛刻、狹隘、小氣、自私的心態，那麼，你絕不可能得到愛的回報。所以，一個人只有付出了，才會有回報。你所給予的愛、友善及熱心越是慷慨，就會有更多的愛作為回報。

我們身上必然具有某種特質，正是這種特質吸引了我們希望的事物，它們絕不會不請自來。所以一個消極的人絕不會吸引積極的人，來到他身邊的一切事物必然是消極和負面的。

林肯是一個擁有神奇吸引力的人。在他的個性中，最大的特徵便是人格遠遠超過了智慧的力量。正是他那顆寬厚、充滿愛的心讓無數人緊緊團結在他身邊。在他偉大的個性中，你絕對找不到一絲一毫的惡意和狹隘。

我認識許多這樣的人，他們急切地想要提升自己的人格魅力，想要吸引他人，但卻自私、刻薄、小氣，如此的不寬容，對他人總是抱持偏見，總是嫉妒他人的成功，這樣的人永遠不會有任何吸引力。那些缺乏同情心，對他人冷漠、自私的人，很少意識到自己所釋放的精神力量能夠以同樣的形

式不斷反彈回來，並形成相應的人格特質。一個人應該盡量收斂自己性格中嚴厲、冷淡、自私的一面，將這一切留給自己，對待他人應當是友好的、鼓勵的、寬容的、具有雅量且富有同情心的。這樣一來，才能源源不斷地散發出吸引力，才能得到他人的友誼。

想擁有迷人的個性，你必須要有所犧牲。這是無庸置疑的！世界上一切有價值的東西必然要用一定的代價去換取。價值越大，你需要付出的就越多。一個年輕人要想成為一名律師、醫生或企業家，必定要先付出。他需要年復一年不斷努力耕耘，辛勤工作。想成為一個受歡迎的人同樣也需要付出。一個自我封閉的人永遠不會擁有優良的人品。如果你只和自己同類的人相處，不肯敞開心扉去交朋友，那麼，你就無法具備吸引各類人的能力。受歡迎的人大多是擅長交際的人，他們喜歡和人交往，進入其他人的生活。

有些人擁有豐富的知識，這些人本應胸襟寬闊、慷慨大方、富有同情心，卻因不肯付出而過著狹隘、保守的日子。

熱心、和藹、寬厚、善良、人格健全的人受人喜愛，而那些冷漠、自私、自我封閉的人，不論他們多麼富有，多麼有能力，都會處於不利之地。

我認識一個十分聰明的人，他卻一生都過著隱士般的生活。長期以來，他都是獨來獨往，一個人吃東西，旅行時選

擇單人座位，到餐廳吃飯時也獨自坐在角落裡，很少有同伴。他始終不明白大家為什麼不喜歡他。因為他從來都沒有給別人機會，他對別人向來不聞不問，那麼，別人又怎麼會對他感興趣呢？他不論走到哪裡都帶著一本書，空閒的時候就拿出來讀。他認為和別人聊天是在浪費時間，拜訪別人也是浪費時間，如果晚上有訪客，他也會很不高興，因為他認為對方打斷了他的閱讀和學習。他對自己的成就及知識頗感自豪，卻從未意識到自己雖然學識淵博，卻從來沒有和任何人分享過，因為他從來不願意將自己的知識傳授他人。

許多人註定要在晚年過淒涼的生活，因為他們年輕的時候很自私，從未對他人付出。他們寧願遠離人群，也不願讓自己變得討人喜歡。他們也不願意關注其他人的事情，或者走入他人的生活。於是當步入晚年，他們就會發現，一個人的成就除了自身能力還有社交能力，也就是和他人交朋友的能力。到了年老時，他們才發現自己已經喪失了這種能力，因為多年來形成的習慣已經像無形的鏈條將他們緊緊地捆綁起來，再也無法掙脫了。

許多希望從事公共事務的人都對自己感到失望，因為當他們從事這份工作，才發現自己不擅長與人交往，於是漸漸變得對工作毫無熱情。原因很簡單，他們吸引不了別人，人們對他們的倡議和呼籲充耳不聞。

　　我們會本能地躲開那些總是閃避我們的人，這些人從未學習與人相處。他們令我們反感，而善於社交的人則吸引我們。

　　任何一個具有偉大人格的人都不可能是在孤立的狀態下成功的，在很大程度上，他們的個性是在與各類人相處的過程中逐漸形成的。因此個性的培養其實是一種反射行為。

第 7 章
讓人們都喜歡你

　　是的，你能做到這一點。就算現在的你並不十分受歡迎，或者處境艱難，你也可以為樂於助人，為身邊的人帶來愉悅，讓每個人都情不自禁地被你吸引。能夠吸引別人的是性格上的特質，它們就潛藏在你心靈深處，關鍵是你是否願意發現它們、培養它們。

　　工作能力出色的人很多，他們原本可以很成功，卻因為個性的因素，無法在初次見面時留下好印象，最終錯失佳機。

　　我認識一位女性，她的出發點很好，也十分慷慨善良，但她卻總在不經意間做錯事、說錯話，引起人們的反感。她為自己的誠實感到自豪，毫無顧忌地將批評脫口而出。她所說的話總是讓人們避而遠之，不熟悉她的人因此留下了很糟的印象。其實她十分善良且慷慨，願意竭盡所能去幫助和鼓勵需要幫助的人。她是我所見到過最隨和的女性，但她說話和做事的方式卻考驗著每個靠近她的人。她不明白自己為什麼無法不吸引人，雖然渴望成為一個受歡迎的人，但大家偏偏不喜歡她。

　　如果你不受歡迎，而你又不知道為什麼，那麼，你就要分析一下原因了。仔細檢視，你會發現自己的確具有某種令人反感、讓人產生敵意或容易觸怒別人的性格。你或許還能發現許多連自己都未曾發覺的特質。

　　不久前，我和一位年輕女士聊天。她說她一直以來都

不受歡迎，可能永遠也不會受歡迎，不論到哪裡都沒有同伴，乎誰都不想和她說話。她說她的母親就是一個很不合群的人，總是很陰鬱和憂傷，所以她認為自己的不合群是註定的，是無法改變的。這樣的想法其實很荒謬。

想讓別人喜歡你，首先應該要去喜歡別人；想讓別人對你感興趣，首先要對別人感興趣。如果你希望受歡迎，絕不能消沉、憂愁、易怒、品行不端或太過敏感。臉皮薄、自我意識強的人總是很容易受到傷害，因為他們總認為別人想要傷害自己。把那些傷痛、麻煩問題、生活的考驗、失敗的打擊統統留給自己吧！不需要讓所有人都知道自己的痛苦，也不需要總是對別人抱怨自己的麻煩。只考慮自己的人永遠不會成為有吸引力的人。

觀察一下周遭最受歡迎的女孩，你就會發現，她是那麼親切、善解人意。她或許不很聰明，也不一定有多麼高的學歷，但她總是那麼友善可愛，讓人們感到愉快。她在關注別人憂愁的同時，也能注意到別人的快樂。她深知聆聽的藝術，從不對自己的事喋喋不休。

最令人反感的個性就是自私，自私的人不僅不受歡迎，而且缺乏成就高尚人格的特質。這些特質是可以透過後天的努力和堅持培養的。培育各種優秀的品格與培養才智同等重要，必不可少。

想吸引他人，而不是令他人反感，你必須具備一些特質，你必須摒棄自私與冷漠，對他人示出善意與興趣。如果你不受歡迎，多半是因為你自私，而不是別人有問題。

要做一個好的聆聽者，而不是急於搶話題，一昧地滔滔不絕，你應該試著關注其他人，談論一些對方感興趣的話題。很快你就能跨越影響你人氣的障礙。你關注了別人，別人自然就會反過來關注你。正如威廉‧迪恩‧豪威爾斯告訴我們的：一個隨時隨地關心他人的人必定受人歡迎。。

有些人主觀地認為，自己因為外表平庸，沒有精緻的五官和勻稱的身材，所以不可能得到別人的喜歡。然而事實卻常常證明，這一觀點是錯誤的。一個人內在的品格才是魅力的真正泉源，才是吸引朋友的力量。

豪威爾斯在他所著的《真朋友》一書中，曾評價歷史學家法蘭西斯‧派克曼。他說：「我想，凡是靠近派克曼的人都會喜歡他。他有一張線條分明、儒雅的臉，和他面對面時，他的臉部表情、眼神中流露的想法讓你情不自禁地喜歡他。所以在我看來，他具有超凡的人格魅力。我每次和他見面後，都希望能夠再一次見到他，因為他總能說出一些讓我感覺中肯又不乏新意的話。」

或許你的外表並不完美，但是，如果你有一顆慷慨、寬厚的心，如果你善良仁慈、討人喜愛，如果你真誠、樂於助

人，那麼，你就會受到人們的歡迎。

我們不會理睬觸怒我們的人，也不會接近那些喜歡指責、批評、雞蛋裡挑骨頭的人。那些專橫跋扈、盛氣凌人、狹隘、對他人有偏見或鐵石心腸的人，永遠也不會成為討人喜歡、受歡迎的人。

我們常常聽到有人這樣說：「我知道自己不受歡迎，但是我也無能為力，我天生就是這個樣子。我不擅長與人交往，恐怕永遠也不行，因為我沒這個能力。」那麼，我的朋友，請恕我直言，恐怕只有小學生才會說：「我想放棄數學，因為我算不出題目，這些問題太難了，我不擅長數學。」盡最大努力培養自己的人品個性，讓自己和其他人一樣有吸引力，如果你願意堅持不懈地去努力，最終一定會成功。

許多人為此付出了努力，但是，由於缺乏發自內心的溫暖，這種勉強的友好卻變得尷尬。他們想要對人和善，卻不知道該如何表現。他們不是一個好的聆聽者，而且也不善言辭，因此表現得冷冰冰、拒人於千里之外。

如果你想要受歡迎，就得學習如何社交。你必須在生活中培養人性最基本的特質，發自內心地與人為善。只是公式化地參加一些聚會是無法吸引到朋友的，你還必須在性格中添加一些情趣、愛和人性的美好，並且用自己的方式將這一切表現出來。

人們大多是保守的，卸下心防對他人展現熱忱並不容易。我們總是害怕吐露自己的內心，不願意敞開心扉在心理上和他人保持著一定的距離。

當你和陌生人握手時，請用心去握，讓對方知道你很高興見到他。請看著對方的臉，給他一個發自內心的微笑，臉上應該流露出熱忱和友善，要讓對方因此而感到高興。只要敞開胸懷去歡迎一個陌生人，讓對方感覺到你真的很高興見到他，你會發現，他多多少少也會對你感興趣。每個人都有自己的獨特之處，這位陌生人就如同你的兄弟，雖然未曾謀面，卻屬於同一個大家庭，你只是這個大家庭中的一員而已。

教育孩子成為一位行為舉止有教養、擁有良好個性的人，是一件多麼美好的事啊！如果能夠喚醒孩子天性中沉睡的真誠與熱情、寬厚與博愛，培養他們的幽默感，讓他們學會無私地為別人著想，那麼，很多人的生活將會截然不同！

如果我們深刻明白親切和惹人喜愛的個性的無價，我們很快會將這種個性培養起來。我們會不惜一切代價為自己的孩子培養這種品格，讓他們擁有這份無價之寶。遺憾的是，我們只注重技能的培養，很少顧及品性方面的發展。一個沉默寡言、膽小害怕、脾氣不好的孩子長大後仍舊沒有任何改變，因為他的父母認為他天性如此，不太可能有多大的變

化。這種想法大錯特錯。透過恰當的訓練，任何一個孩子的個性都能產生徹底的變化，因為孩子具有極強的模仿力。

亨利‧德拉蒙德（Henry Drummond）說：「耐心、和善、慷慨、謙遜、禮貌、不自私、脾氣好、淳樸、真誠。這些品德都是人類至上的禮物，是一個完美的人所必備的條件。」我們每個人，不論男女老幼都有可能培養這些品德，不是嗎？

第 8 章
你的獨特之處是什麼？

　　每個人都有自己的獨特個性，從而成為世界上獨一無二的人，那麼，你最顯著的個性特徵是什麼呢？是什麼讓你引起了某個人的注意？人們見到你時，想到的第一件事情是什麼？你留給他人的印象是一個軟弱、有氣無力的人，還是一個具有明顯特質、性格鮮明的人？你又能留給別人一個什麼樣的印象呢？

　　威廉‧迪恩‧豪威爾斯曾這麼評價‧霍桑（Nathaniel Haw-thorne）：「他是這樣一個人，如果我在某處無意間碰到了他，我會立刻感覺到他一定是個大人物。」

　　有人認為，某些東西是用眼睛無法看到，用語言無法描述，用行動也無法展現的，它們不受任何限制。事實上，某些偉人話說得非常少，他們用人格和個性顯現更偉大、崇高的一面。

　　格蘭特在歷史上的地位並非取決於他說了什麼。每個人都能感覺到這個總是吸著菸、沉默不語的男人背後有一種更為強大的力量。讓他名垂青史的不單單是他所做的事情，更重要的是他留給人們一種無限可能的遐想，除了語言和行動之外，在他身上還有另一種無限的力量。讓我們無比敬畏的，正是那個給人以無限想像空間的格蘭特，而不是現實的格蘭特。

　　林肯身上同樣有一種超越言行的力量，這種力量遠遠大於他所說過的話。和深深烙印在我們心中的那個永恆形象相

比，就算是那篇永世流傳的〈蓋茲堡演說〉也顯得遜色、平淡許多。

生活中許多成功都取決於他人對我們的印象和看法，取決於他人對我們的評價。也就是說，我們的聲譽大多取決於那些只是聽說過我們，卻未曾真正見過我們的人。這些未曾謀面的人對我們的評價往往取決於其他人，所以，留給他人一個不好的印象，讓自己口碑不佳是巨大的代價。這也表示我們用點點滴滴的行為塑造了自己的形象。

生活對我們來說意味著什麼？我們早已用各種表現回答了這個問題。我們的生活經歷就像一本書，只要打開來就能看到內容。人們總在不停地打量、評估我們，所以，在一雙雙窺探、好奇的眼睛面前，我們休想偽裝。

愛默生（Ralph Waldo Emerson）在他的《旅行日誌》中寫道：「不論是榮譽還是汙點，它都會伴隨一個人的終生，這是一個很重要的事實。我們總是把自己所得到的一切歸咎於他人的意志，殊不知我們所做的一切早已決定了我們最終將收獲什麼。一個來到別人家門前，習慣先詢問是否可以進入的人，總能得到熱情真誠的回答。」

你對外釋放出來的，是你的思想、信仰、觀點和立場，人們對你的印象並非來自你所說的話，也不是你言不由衷的想法和感受，而是來自你真實的信仰、思想和本質。

　　如果你的個性令人反感，那麼你就不太可能成為受歡迎的人。就在我們發現一個人小氣、自私、貪婪、狹隘、不寬容、愛嫉妒的那一刻，我們對他的評價就已經打了折扣。

　　許多人不擅長將自己真實的一面、真正的價值展現在他人面前，因此別人需要花上很長一段時間才能發現我們的優點，修正不利於我們的第一印象。

　　一些具有優良品德的人有時候讓人覺得冷若冰霜，給人的第一印象並不是太好，所以你遠離他們。你不懂為什麼其他人深受他們吸引，也不明白他們怎麼還會有敬仰他們的朋友。因為他們不僅對你毫無吸引力，而且似乎沒有任何共同之處。他們不善於社交，言語乏味，你不喜歡他們的言談和舉止。然而，當你遭遇困難，也許是事業陷入低潮，或者遭受喪親之痛、家庭失和，這時候第一個前來幫助你的或許就是他們。你會驚覺他有一顆多麼善良的心，雖然外表冷漠，但他是一個多麼真誠的人啊！只有在那個時刻，你才明白，這樣的人在冷淡底下竟然隱藏著真正的友誼和實實在在的助人之心。

　　這世上有許多人看似不苟言笑，實則古道熱腸。許多人只是欠缺圓融的做事方式，他們總是說錯話、做錯事，因此留給人們一個錯誤的印象。

　　那些個性不十分強烈、謹小慎微、思想狹隘、悲觀偏執、缺乏吸引力的人，在社交圈中也默默無聞。他們或許一

生都住在同一個地方，悄悄地來到世上，又靜靜地離開。

別讓自己虛度一生，不要成為一個毫無色彩、毫無個性、沒有主見的人，活著就要有自己的個性。如果你是對的，就不要怕得罪人。你越是堅持自己的觀點，就越可能樹敵，但你的個性力量越是強大，人們就越發尊重你。

迪奧多・羅斯福曾說過：僅僅讓人們知道你是一個誠實的人還不夠，你應該讓誠實成為你的代名詞。也就是說，你應當絕對誠實，讓人們對你沒有一絲一毫的懷疑。我們想要培養的，是一種鮮明、活力四射的個性，是一種不論走到哪裡都能產生強大力量的個性；不論走到哪裡，都能留給他人好印象的個性。羅斯福先生像一顆閃亮的流星劃過了世界的上空，無論他走到哪裡，人們都對他印象極為深刻。

在《羅斯福回憶錄》中，他的朋友們皆不斷談起一種我們稱為「獨特人格」的特質。羅斯福用自己最基本的信條和準則，即羅斯福思想，造就了偉大的個性，以自己獨特的方式留下不可磨滅的豐功偉業。

每個人都應該為這個時代留下一些屬於自己的、讓世界不願輕易忘卻的東西。贏得人心和贏得勝利同等重要；得到金錢和交到朋友同樣重要；留給別人一個好印象和做好其他方面的事情同樣重要。換句話說，我們都希望在生活中成為成功者。因此，我們要盡一切努力培養獨特的人格。

　　布利斯・卡門說：「僅僅擁有崇高的理想是遠遠不夠的，我們還需要為之付出。我們要將這些理想付諸實踐，如此一來理想才會越來越遠大。只有將理想變成現實，我們才能獲得成功，才能不斷培養健全人格。」

　　一位性格迷人的企業家說：「我已經下定決心讓自己的生活成為一部完美作品。」

　　這難道不是人類最高尚的決意嗎？為什麼不讓它也成為你的理想呢？你何不下定決心塑造自己的獨特個性，讓周圍的人都對你刮目相看？這樣一來，你就會讓自己的生活成為一部真正的大師之作，而不是像三流藝術家那樣拿著畫筆膚淺地塗抹。

　　每個人的生活都應該成為一部獨特、顯著的個人宣言。獨特而強烈的個性是一個人表達自己最強有力的武器。一個人具有強烈、極富影響力的個性，代表這個人有創意、頭腦靈活、能力很強。但是，當我們遇見了一個毫無特徵、不會留下任何特別印象的人時，我們也只能認為，他不過就是眾多普通人中的一個，並沒有什麼新意，也沒有太多能力。

　　因此，一定要讓自己的生命傳達出某些價值，這些價值對你而言意義重大。

第 9 章
帶著禮貌上路

　　歐洲有位熱情好客的酒館老闆，他的酒館以無可匹敵的服務著稱，他在酒館的牆壁上刻有這樣一段名言：「只要你隨身將美酒佳餚攜帶，你就會發現在特洛凱特（貧瘠之地）同樣也有好酒好菜。」

　　這句話同樣適用於禮儀與良好的行為舉止。如果你自身擁有這些美好的事物，那麼，無論你走到哪裡，你都會發現那裡的人們和你一樣講究禮節。

　　在人生的旅途上，許多人收穫甚少，其中一個原因不僅在於旅途本身，也因為他在整個旅途中未曾帶著禮貌上路。他們將禮貌和涵養統統拋到了腦後，所以總是與人產生衝突。

　　如果想要擁有健全人格，彬彬有禮的行為和舉止是一個關鍵，但凡優秀的人，都具有這種品格。舉止文雅、行為禮貌向來是一個人有教養、有文化的具體表現。

　　沒有人會對良好的行為舉止所產生的影響有所懷疑。一個人想在生活中獲得成功，最好能夠將威廉‧威克姆（William of Wykeham）的話作為自己的座右銘和人生指南。這句話便是：「行為方式決定著一個人。」

　　一個粗魯、脾氣暴躁的人，不論多有能力，學歷多麼高，也會令人反感。態度舉止不好的人，無論能力有多強，每前進一步都要花費相當大的力氣，因為那些他所厭惡的

人、對他有敵意的人，都會在前進的路上阻撓他。而那些慷慨、惹人喜愛、和善的人無論走到哪裡都很受歡迎，人們會主動為他們敞開大門，但對於能力強、個性差的人來說，就只能用力去撬開別人的大門。

禮貌、得體的舉止是一封最好的介紹信，一個人臉上的表情和行為舉止是他思想的濃縮，是快速、輕易地了解一個人的管道。最迷人的人往往是行為最得體的人，而不是外表最漂亮的人。一個舉止優雅、氣度超凡的人，就算是面目醜陋，甚至身體畸形，也絕對能夠走出一條屬於自己的路來。而那些擁有光鮮漂亮的臉蛋和姣好身材，但行為不當、口出惡言的人則不然。

愛默生說：「在良好的社會環境中所學到的某些禮節是一種無形的力量，擁有它的人必定會受到人們的重視，無論走到哪裡都會受到歡迎，雖然這個人未必美麗，未必富有，也不一定是個天才。」

世上的人們都在尋找陽光和和諧，我們都想避開黑暗、潮溼、陰沉的地方。我們見到嚴苛、讓人不快、感覺和自己合不來的人時，就會不由自主地退縮。每個人都喜歡和討人喜愛的、舉止文雅的人在一起，都不願意身邊的人粗魯無禮、刁鑽古怪、讓人厭煩。在工作和生活中，除了完全誠實守信之外，最能夠幫助一個人獲得成功的莫過於良好的舉

止 ── 禮貌。兩個其他條件相當的人同時應徵一個職位，結果是更懂禮貌的人被錄取。第一印象決定了一切。一個不拘小節、舉止粗魯、沒有禮貌的人會讓人產生本能的反感，人們自然就會心門緊閉，不予理會。

有許許多多的專業人員，他們的能力並不是十分突出，但有的人卻能憑藉合宜、禮貌的做事方式贏得大筆財富，另一些人則因為處事不夠圓融而導致破產。許多醫生由於受到病人和朋友的推薦而獲得了聲望和成功，因為人們忘不了他們和善的態度、紳士般的風度和對病人的體貼，更重要的是，人們喜歡他們有禮貌。同樣地，這也是無數成功的律師、企業家、銷售人員，以及各行各業成功人士的經驗。

當今社會競爭尤其激烈，對手也日漸增多，所以，能夠帶來商機、贏得客戶的處事智慧非常重要。過去，雇主雇用員工取決於這個人在某個產業中的能力，從未考慮過他的脾氣性格。如今當雇主選擇員工，尤其是需要與人們拉近關係的職位，優雅的氣質、溫和的個性、令人賞心悅目的舉止就成為十分重要的選擇依據。

如今，善於結交朋友、具有良好的社交能力已經被視為員工的一種自身價值，因為雇主非常明白：冒失、粗心大意、冷漠、勢利的員工可能趕跑許多客戶。他們理想中的職員是禮貌、專注、樂於助人、惹人喜愛的，能夠讓人們紛紛走出

家門去尋求他們的服務。在我們周遭，經常能夠看到一些員工由於自己的行為舉止不當而無法升遷。因為雇主知道，他們雖然有很好的能力和天賦，但是良好的舉止和禮貌更為重要，這些特質能夠吸引任何人。

　　一家著名的商業機構認為，對顧客的友好態度是他們最寶貴的財富，而獲得顧客的友誼最為快速有效的方法正是謙恭有禮的言辭。禮貌是一個人良好素養的展現，擁有這種品格的人往往同時擁有其他令人欽佩的品德。

　　紐約銀行的行長曾說過：「如果我會說 20 個國家的語言，我都會用禮貌的詞語去說。這是一種『阿拉丁神燈』式的成功。我並非在此盲目地對禮貌進行誇讚，我從事銀行業已有 56 個年頭，從每天的日常工作中累積起來的經驗告訴我，不論從事哪一個行業，禮貌都是獲得成功的基本要素之一。」

　　一間百貨大商場推出的口號是：「禮貌的作用強於推銷」。有禮貌的銷售人員留給人的印象的確比購買的商品印象更為深刻。人類的天性就是這樣，我們通常會記得在身邊殷勤服務的人員，同時也更欣賞他們特別的禮貌與和善，尤其是他們的周到與細緻。我們都喜歡那些惹人喜愛、有吸引力的人，微笑會吸引我們前往，而緊鎖的眉頭則讓我們卻步。我們不喜歡自己被報以冷言冷語，也不喜歡被無視怠慢，所以我們總是盡量和禮貌、舉止文雅的人來往。

　　年輕人很少意識到討人喜歡的處事方式對生活的成功有多麼重要。教養良好、舉止優雅的人具有難以抗拒的魅力和不可思議的力量，它就像美貌一樣，能夠讓法官心軟，讓陪審團改變想法。

　　歷史告訴我們，馬爾博羅公爵（Duke of Marlborough）雖然連英文都寫不工整，拼寫錯誤連連，但他的行為舉止卻具有不可抗拒的魅力，他不僅影響了整個大英帝國，還影響了整個歐洲。他富有魅力的言行舉止和打動人心的言辭能瓦解最兇惡的敵人，也能與最痛恨他的人化敵為友。

　　不論走到哪裡，我們都能看到那些舉止得體、擁有個性魅力的人所獲得的榮譽和巨大的成功。我們都知道年輕的威爾士王子愛德華・艾爾伯特（Albert Edward）在訪問加拿大和美國時是何等儒雅得體，他的個人魅力不僅贏得了未來臣民的心，而且贏得了美國人民的心。

　　我們可以透過一些小事情迅速判斷一個人是否從小就生長在有教養的環境中。一個人在不經意間流露出的禮貌就像說話走路一樣自然。從小培養的禮貌舉止和後天努力模仿而來的舉止有很大的差異。如果一個人從小未得到禮儀方面的培養，卻打算在某個場合中臨時抱佛腳，刻意去模仿高雅的舉止，那麼，就算他再怎麼努力也免不了會露出馬腳，因為他生怕自己說錯話、做錯事而感到局促不安，結果反而尷尬

難堪，甚至顏面盡失。

　　賈斯特菲爾德公爵是一個成就顯赫的人，他對人的判斷準確無誤。他對自己的兒子提出的建議是：為進入社會提前做準備就跟運動員訓練之前先熱身一樣重要。「要潤滑自己的頭腦和舉止，給它們必要的養分，讓它們更具靈活性。僅有力量還遠遠不夠。」

　　那些想要變得舉止大方的人必須經常和教養良好的人交往。有句西班牙諺語說得好：「生活在狼群中的人很快也就學會了狼嚎。」我們的舉止會不小心洩露自身的社會背景，因為我們會在不知不覺中受到周圍環境的影響。

　　我所認識的最有教養的人不僅和舉止禮貌的人生活在一起，而且他們的父輩、祖輩都是有教養的人。「那是一種世世代代傳下來的精神，是從小就接受到的薰陶。」

　　我們的習慣總是在出賣我們。人們只有在自己敬畏的人面前，或者在想要盡可能去吸引的人面前，才會表現得循規蹈矩，然而當這些人不在他們身邊時，就會表現得判若兩人。

　　有許多人在陌生人面前表現得很拘謹、很注意禮貌，但他們在同事、熟人面前，就表現得粗魯、自私、盛氣凌人。

　　阿諾德·貝內特說：「不能因為彼此親近就不去講究禮節，但大多數人似乎都這麼認為。」不論是在家裡、職場或

者在國外，都應該奉行禮貌的原則。如果所有的孩子都不知道良好的行為舉止、殷勤的話語、贏得人們好感的個性有多麼大的力量，那該是一件多麼悲哀的事啊！在孩子們還很小的時候，及時根除性格中的缺點，培養美好的個性是比較容易的。不要讓自私的種子逐漸長成一棵大樹，在它還是一棵幼苗時就應該將它拔除！將一個令人頭疼、不討人喜愛的孩子慢慢培養為個性迷人、富有魅力的成人，雖然需要許許多多的鼓勵、耐心，還有如海洋般廣闊而深沉的愛，但這是我們力所能及的事。如果所有的母親和老師都將這件事視為自己的首要任務，那麼，世界和平很快就能實現！每個人都好比是一棵樹，如果我們能夠悉心照料、修枝剪葉，那麼在人類的森林中就不會再出現長歪的、奇形怪狀的、布滿結瘤的、外觀醜陋的大樹了。

　　對於女性而言，舉止文雅、富有魅力、優雅得體是一筆巨大的資產。

　　從一位女性的一舉一動中，我們能夠看出她來自什麼樣的家庭。無論走到哪裡，她都帶著自己那份獨一無二的優雅氣質或粗俗表現。她的思想深受家庭教育的影響，她的舉止、行為，她是否高雅、有涵養，這一切都充分顯示出她的家庭教育。

　　女性代表著生活中審美、情感、美好的方面，她們代表

著人類文明中最甜美、最溫柔、最細緻、最微妙的部分。每個人都希望在女性身上看到優雅的舉止，謙遜、得體的行為。如果一個女孩從小沒有在這方面接受過適當的培養，日後將會嚴重影響她的工作表現。男性生來就比女性更強硬、粗獷，更多一些動物本能，因此，他們自然而然會被優雅、美麗、精緻的女性美所吸引。男性最為欣賞的，正是他們最缺乏的東西。

在任何情形下都要熱情真摯、禮貌謙恭，接人待物要和藹可親，溫暖親切地向人們打招呼，盡量避免思慮不周的話語和不夠謹慎的行為，要多考慮其他人的感受。對於有教養的人來說，這是第二重要的品性。

許多年輕女孩因為從小沒有受到良好的行為教育，所以長大後她們缺乏一種女性特有的精緻、甜美的魅力。

許多偉人的妻子以她們靈活的處事方式、與生俱來的溫柔賢慧在背後默默支持著自己的丈夫，使得他們最終取得了成功。就像《美利堅之父》一書中的瑪莎・華盛頓（Martha Dandridge Custis Washington），多年來艱苦的軍旅生活都未能磨滅她由內而外的高貴與賢良。在法國，約瑟芬迷人的舉止和強大無比的說服力對拿破崙的地位提升所發揮的作用，遠遠大於他那幾十名忠心耿耿的隨從。畫室裡和沙龍中的約瑟芬就好比戰場上的拿破崙，他們都是傑出的領導者。拿破崙

約瑟芬曾親口透露自己能夠成為法國皇后的祕密，她的個性魅力不僅征服了拿破崙，也征服了整個法國。她對一位密友說：「只有一種情況下，我會主動使用『我願意』這個詞，那就是當我打算說『我願意讓我周圍的所有人都快樂』這句話的時候。」

美好行為源自一個人的內心，它展現在善解人意、為他人著想。布林沃說：「美好的天性是良好教育的基石。」

沒有人會真正喜歡表面的禮儀和客套的禮貌。出於交際的禮儀就像一層薄紗，絕對遮掩不了隱藏在底下的自私和不耐。從長遠來看，這種禮貌不會勝出。

我們都認識一些人，他們自私、冷血，卻又拙劣地扮演熱心禮貌的好人。他們之中有些人不明白自己為什麼朋友這麼少，為什麼人們都不喜歡自己。事實就是他們並不具備令人讚賞的品格。他們的心是冰冷的，他們的熱情禮貌並非發自內心。他們的笑臉不過是一張面具、一種策略而已。奉行外表形式上的禮節，而內心卻是冷漠的，甚至是無情的，這種禮貌永遠都缺乏真正的彬彬有禮特有的那份誠懇優雅。

第 10 章
心理化學的影響

　　你是否曾認真思考過，為什麼有的人成功，有些人卻失敗了？為什麼有的人懦弱無能，而有些人卻總處於領導地位、光芒四射？正是我們的思想決定了一個人的狀態 —— 是一個成功者還是失敗者，是消極的還是積極的？

　　大部分人都是錯誤思想的犧牲品。改變這一切的唯一途徑就是正確利用心理化學知識，這是一門新興科學，它的原理仍有待進一步釐清。

　　遺憾的是，學校並未開設這門心理方面的學科，然而對人類而言，這門學科至關重要。如果全世界的教育機構願意，並且知道如何向學生灌輸這種知識，那麼，下一代的生活就會發生翻天覆地的改變。我們將培養出更優秀、更高尚的下一代，生活的秩序無疑將會提升到一個全新的層面。只要我們對心理化學稍加利用，整個人類就會向前跨越一大步。在無數人的生活中，希望會取代失望；自信將取代膽怯；勇氣將取代懦弱；旺盛的精力將取代疲乏和倦怠；高效率將取代效率低下。世界將呈現充滿希望的全新景象。換句話說，人類將成為一種全新的物種，透過思維的更新、想法的轉變，人類將徹底改變。

　　我的朋友，不知你是否意識到，你明明可以做得更好，為何卻不能快速成功？你的事業為何一直不如意？你為何如此貧窮？為何不快樂？能力為何如此有限，在惡劣的環境中

苦苦掙扎？或許你對心理化學一無所知，只是一直抱怨時運不濟，命運多舛。你未能獲得你所追求的幸福、成功、財富，無法實現自己渴望已久的夢想，那是因為一直以來，你的想法為你所努力奮鬥的目標設置了障礙。或許你的思想中一直都有一些阻撓你的志向的想法，它們削弱了你所付出的努力。你的懷疑、恐懼、擔憂、焦慮、嫉妒心、自私，所有這一切都無法讓你順利達成生活的目標，都在妨礙你的努力，降低工作效率，降低你的成就。

我們的思想既能創造生活也能毀滅生活。正如斯韋登伯格（Emanuel Swedenborg）所說的那樣：「人類的思想和主觀意志就銘刻在大腦上，因此，一個人的外在表現充分展現了他的生活，天使透過他的形象看到了他的人生。」

每個人都是一個建築師，親手建造了自己的人生與財富，一個人的成功或失敗取決於他是否明白精神力量是一種神奇的化學物質。這種化學物質能夠治癒一切思想上的痼疾，也是唯一能夠去除我們成長的障礙的力量，它能夠將最大的潛力發掘出來。

這種心理化學的基本原則是：兩種相反的思想無法同時主導同一個大腦。如果一個人的思想中低層次的的思想占了主導地位，那麼，與之相反的高層次思維就會受到極大的壓制，反之亦然。低層次的特質無法和高層次的特質同時存

在，就好比謬誤與真理無法和諧共存一樣。任何了解這一心理化學原則的人都無須成為自己思想或情緒的犧牲品。正如某些化學物質可以將最渾濁的水還原為清澈透明的水一樣，道德敗壞的思想也可以透過思想所產生的化學物質來淨化。正確的思想就像解藥，能讓一個人的精神世界重回健康。

　　大部分人依靠自己的意志力抵抗負面思想。這種做法就像在沒有打開百葉窗的情況下努力將黑暗從屋子裡驅趕出去。黑暗只不過是因為缺少光明而已。當百葉窗完全打開後，光明自然就會湧入房間，黑暗亦將不復存在。同樣地，美德出現了，邪惡自然也就消散了。就像黑暗無法在光明面前存在一樣，邪惡和美好也無法同時出現。精神所產生的化學物質可以去除負面思想，扭轉不良習慣。但是我們不應只用意志力來趕走消極，而是要用更好的、更高尚的思想來取代負面的想法。

　　擺脫精神敵人最有效的方法就是用好的思想代替不好的思想。我們無法直接將它們驅趕出去，但是我們可以用與其相反的東西去取代它們。用正確取代錯誤；用和諧取代衝突；用愛取代憎恨、嫉妒；用善意取代惡意；用成功取代失敗；用財富代替貧窮。我們可以用健康的思想取代消極憂鬱的思維，向身體中的每個細胞傳遞健康的指令，這樣一來，只要我們堅持認為自己是健康的，是生命力旺盛的，我們就可以

令生病的細胞得到刺激和鼓勵，最終恢復正常。

　　不停地感到焦慮、恐懼、嫉妒、憎恨，以及其他一些負面情緒和感受，不僅會傷害我們的血液，削弱我們的消化系統，而且會讓我們的大腦細胞和身體的不同部位發生某種化學變化，如此一來，就會促使、誘發，最終形成許多疾病。當今，醫學研究普遍認為，長時間的焦慮、恐懼、悲觀、煩惱，以及悲傷、嫉妒、憎恨等情緒，不僅會引發癌症，還會導致肝臟、心臟、腎臟、大腦及其他部位的疾病。

　　我們都知道，情緒的劇烈起伏會影響身體，導致衰老、心神不寧，無法充分發揮既有的能力。同時我們也知道，愛、和善、鼓勵、安靜平和，對美好事物的思考，能夠安撫我們的身心。

　　經驗告訴我們，良好的思想、心境、情感能夠帶給人幸福的感覺。對身邊的人付出無私的愛、真誠善意，並能夠感覺到來自他人的敬愛，會帶來活力，有利於健康。如果我們時時保持這種情緒，我們就會感覺更好、更強大、更加充滿希望和理想，做事也會更有效率。我們也都知道，與上述相反的情緒會發揮相反的作用，徹底破壞一個人身心的和諧。一切負面的、消極的思想，都是具有破壞力的，它們會產生思想上的衝突，而思想上的衝突又會引起人體器官的失調，有害健康。這些令我們產生不協調的物質是身體和精神上最

084 | 第 10 章　心理化學的影響

大的敵人，會為生活帶來非常不幸的後果。它們不僅會破壞
一個人的健康，而且是成功與幸福的宿敵。

　　如果我們對心理化學的原理有大致上的了解，那麼，我
們就會很自然地避免負面思想和情緒，從而保護自己。如果
我們知道哪些思想和情緒能夠帶來快樂、健康，能夠提高效
率、促進成功，那麼，讓自己擁抱這些正面想法，消滅我們
不斷膨脹的欲望和具破壞性的消極情緒，何樂而不為呢？
然而遺憾的是，我們不但沒有持續保持正面思考，反而任憑
一切恐懼、焦慮、嫉妒、憎恨在我們的身體中釋放出有毒物
質。如果我們任憑這種精神狀態轉變為一種長期習慣，那
麼，不良的後果就會接踵而至。這一切隨處可見。比方說，
有許許多多的人，他們原本可以成為成就斐然的人物，只因
為心中埋藏著憎恨、懷疑與各式各樣的積怨，他們便被這些
負面想法所奴役，生命也跌到了谷底。因此，這些人不得不
過著拮据、一籌莫展的日子。他們是負面想法的犧牲品，一
事無成。若不是精神上的敵人作祟，他們或許會成為出色幸
福、成功的人。

　　在英格蘭有一條法律是這樣的：如果你能想辦法一直不
讓警察進入你的房屋，他就沒辦法將你驅趕出去，但是，一
旦他進了你的房子，他就可以一直留在那裡，直到你清償債
務為止，如果你拒絕，他就能把你趕出去。

　　如果你一直將有害的思想拒之門外，它們就無法傷害你，但是，一旦讓它們進入你的思想，它們就會讓你的生命充斥災難。它們總是在暗中覬覦，伺機進入你的精神家園，唯一能夠增強你的免疫能力、抵禦病毒攻擊的方法，就是能夠將精神所產生的心理化學物質運用自如。

　　只要願意，我們都能做到這一點。我們絕對能夠控制自己的思想，擺脫精神敵人的魔爪，成為一個幸福的人。正如一切看似困難的題目一樣，一旦知道解題的方法，它們就會變得極其簡單。

　　聖保羅將一切哲學和心理化學物質理論的精華濃縮在一條訓令當中：「我們要去想一切純潔、可愛、備受稱讚、誠實的事物。」我們應該讓自己的想法停留在這些事物之上。我們的念頭代表著某些特定事物，會將類似的東西吸引過來。這些觀點形成於我們的腦海當中，造就了我們的個性，並透過肢體語言和面部表情展現出來。正是我們對事物的看法讓事情產生了與之相對應的結果。既然知道了相悖的兩種思想無法同時存在於一個人的腦海，那麼，接下來就該由你的自由意志來做決定，你是要選擇那些使你變得低劣的思想呢？還是要選擇能夠展現你聖潔天性的想法？

　　例如，你可以將想法集中在和「愛」有關的一切事物上，如平和、和諧、和善、善意等，那麼，從你身上就會展現出

這些優秀品格，不論你走到哪裡，人們都能感覺到你身上那種積極向上和樂於助人的影響力。或者，你也可以將想法集中在憤怒、憎恨、嫉妒、復仇、自私上，這些情緒能夠將一切美好排擠得無影無蹤，能喚醒你的劣根性，讓你不再擁有人類特有的感受。

如果你看到一個暴跳如雷、怒不可遏的人，你就能夠徹底地明白，低層次的思想和情緒具有多麼可怕的影響力。幾分鐘前他還是平靜、和善的，可是轉眼間就變成了野獸般猙獰的表情。眼神中的憤怒所釋放出來的，是人類的劣根性，即獸性，它讓一個人的美麗蕩然無存，取而代之的是野蠻、兇殘的形象。這一瞬間改變的不僅僅是臉部，而是整個人都發生了徹底的改變。他身體中一切沉睡的劣根性都被喚醒，他臉部的每個神情，身體的每個動作都將他負面的精神力量暴露無遺。

脾氣火爆，動不動就大發雷霆的人，可以透過每天練習運用心理化學物質，來逐漸移除影響自己成長進步的障礙。藉由更新自己的思維、改變自己的想法，多去關注一些與憎恨、憤怒相反的事物——愛和善意，就可以將自己改造為一個有才智、有涵養的人。

我們都知道，如果對大腦中專門負責計算的部分進行訓練，就可以提高運算能力。大腦的其他四十多種功能和能力

也是一樣。根據我們集中注意力和不斷練習的程度，這些能力也能得到相應的發展。如果將意念專注於身體的某個部位，這個部位的血液循環就會加快。所以，當我們思考某些事情的時候，負責掌管思考的大腦細胞就會得到更多的血液供應，從而得到更多養分。因此，所有可培育的特質如愛、誠實、和諧、善意等，以及一切破壞性的人格如憎恨、錯誤、不和諧、惡意等，均有可能按照我們的意願發展到某個程度。

如果我們的思想總是停留在那些低層次的想法、欲望、情緒上；如果我們渴望那些不道德的事情；如果我們自暴自棄，讓低劣的一面掌控自己的思想，那麼，我們就滋長了自己動物的本能，透過意念的集中和不斷使用，從而加強了大腦中負責掌管低劣本能的腦細胞。

斷絕大腦中的劣根性、卑劣動機和自私貪婪，不再去應用這些腦細胞，那麼，它們就會逐漸萎縮，失去作用。然後，大腦中更高層次的部分就會隨著獲取更多的養分，快速地發展。換句話說，我們可以透過運用相反的想法不能同時存在這一原理，按照我們的意願來發展或根除任何一種特質。正因為相反的思想彼此排斥，所以你才可以選擇、決定讓哪一種思想留在大腦中，哪一種思想從此消亡。下面我來說明一下其中的奧祕。

　　追求完美是人類的天性。一旦我們體會到生活中更高層次的快樂，那些低等的樂趣、低級的激情和動物本能的快樂就會變得索然無味，對我們毫無吸引力。我們將會渴望更高級的快樂、更美好的體驗，我們越關注這類事物，對它們的渴望也就會越強烈。

　　思想的發展、個性的形成、最終獲得成功與幸福其實是一個完美的科學過程。而你所需要做的，就是每天將自己的思想、情感、品格和你對理想生活的渴望傳達給自己的大腦。我們可以引用聖保羅的一段訓令，從另一個角度來說明這個問題：「我們要去想一切純潔、可愛、備受稱讚的、誠實的事物。」每天都應規律地進行這方面的訓練，如果可能的話，一天數次。每天堅持在固定的時間裡，最好是早晨，思考一下你想要發展的格特，每次持續十五分鐘，那麼，很快你就會養成思考正確事情的習慣，你所集中關注的特質就會從你的肢體語言、性格特徵、生活場域當中展現出來。當人們開始研究新的生活哲學時，那些不懂心理學的人往往會認為，思想所產生的化學物質是一種具有魔力的東西，能夠迅速地將他們從負面想法所帶來的痛苦中解放出來。他們期望每天僅僅安靜兩三分鐘，三五天之後，就能擺脫所有身體和精神上的困擾。他們認為這樣就足夠了，足以除去已經伴隨他們幾十年的壞習慣，例如消極的、破壞性的思想，沉溺

於各種邪惡的欲望或情緒中，嫉妒、惡意、積怨，對健康的焦慮感控制不住自己的脾氣，抑鬱，失望，以及各式各樣的崩潰想法。我認識許多對精神治療師失望的人，因為他們經過幾天短暫的治療後，無法徹底改善。其實在治療過程中，他們仍繼續產生許多負面想法，而這些想法都是和治療相抗衡的。

正是因為人們普遍忽略了人類思想的巨大力量，忽略了我們改變事情發展的能力，所以，世界才會到處充滿悲慘與苦難。現在，我們已經開始意識到這一點，所以，學校教育將會越來越注重心理化學，因為人類的命運和這門學科息息相關。

如果我們讓孩子從小學習這門學科，他們就能在很小的時候學會辨別精神上的朋友和敵人。他們將知道，什麼樣的情緒和心態會導致抑鬱，什麼又能使人精神振奮、充滿活力，讓人生更美好。他們將會知道，抑鬱的情緒容易使人生病，因為它能降低人體對疾病的抵抗力。他們同樣也會知道，讓人精神振奮的事物與健康的心理能夠增強一個人的抵抗力，對健康好處多多。

每一種消沉的思想，每種陰鬱、壓抑的心情都是致病的因素，因為這些負面想法會影響心臟功能，會阻礙人體對營養的吸收。信心、希望、鼓勵、和善、愛都是身心的滋補

品，它們能夠促進、刺激、提升人體中一切有用的力量，它們是一切壓抑情緒的天然解藥。

麻醉劑的發明為世界帶來了福音，而心理化學將會為世界帶來更大的幸福。它將消除人類無數的苦痛，尤其是精神上的折磨。

數以百萬的人將開啟沒有疾病、沒有痛苦和身心不再疲憊的美好生活，因為他們懂得用足夠的心理化學知識來化解一切毒害身體物質 —— 恐懼、擔心、焦慮、憎恨、嫉妒、憤怒、惡意、自私等一切破壞性情緒。

人類開始發現，自己是神聖的，是宇宙中的創造性力量。在人體細胞中有種力量，這種力量來自內心深處，非常神奇。隨著自己生命旅程的延伸，人類將發現一個真正的自我，得以使人們跳脫一切綑綁與限制。

第 11 章
膽小與過度敏感

　　許多人頭腦聰明，思想健全，受過良好教育，能夠在職場充分發揮自己的能力，但是由於膽小、敏感的性格，所以一直以來都默默無聞。

　　看到那些才華出眾、人品端正的人，只因為生性膽小、羞於表現而人緣不佳，真替他們感到難過。他們無法也不願意嘗試敞開心扉，雖然他們也覺得這樣的生活太過狹隘，但卻很難克服這一障礙。

　　那些努力想要獲得個性魅力的人必須克服膽小的性格，否成功將遙不可及。

　　悉尼‧史密斯說過：「由於缺乏那麼一點點勇氣，這個世界失去了許多人才。每天都有許多平凡的人帶著一生都無法成功的遺憾離開這個世界，是他們的膽小讓自己無法拚盡全力。如果從一開始就有人能夠引導他們發揮自己的潛能，他們必然已經在自己的領域中闖出了一番天地。事實上，想要投入值得去做的事情，我們就不能一邊想著各種危險和困難，一邊站在原地發抖，我們必須竭盡全力地去做。」

　　在我們周圍總能看到這樣一些人，由於膽怯，他們不敢去做自己渴望並且有能力做好的事。他們猶豫著，等待著，希望有什麼奇蹟出現來幫助他們。由於膽小，他們不敢向前衝，不敢發揮、利用自己的能力，所以，當機會的潮水湧過，他們並沒有被捲走，而是牢牢抓著原地不敢放手，潮水

過後，他們仍舊留在那裡。

　　一位優秀的作家這樣說道：「在關鍵的時刻張口結舌，由於膽怯或出於私心放棄一條光明大道，這種低級錯誤足以毀掉許多人的前途。」

　　不論從哪個方面來說，膽小怕事的人都處於極度不利的狀況之下，因為他從來不曾準備好抓住來到身邊的一切契機，所以，機會都被那些比他更善於主動出擊的人搶走了。他就好比一隻膽小的小豬，在食槽邊總是被其他同類擠到一邊，等其他善於爭奪的小豬吃飽了以後，才吃剩下的食物。我自己農場上的小豬就足以說明這個問題。一窩小豬共九隻，總有那麼三五隻小豬十分膽小，吃飯的時候，總是被其他小豬擠到一邊去，等別的豬吃飽才能輪到牠們。如果負責餵豬的人不想辦法趕走那些霸道的小豬，給膽小的小豬吃飯的機會，牠們必然會挨餓。

　　《聖經》上說：「心太軟的人常遭厄運。」這句話或許應該解釋為「膽怯的人常遭厄運。」膽小的人總是被比自己強壯、厲害的人所欺壓，被人控制，總是得到些剩菜殘羹，有時連殘羹都沒有。他們不夠自信，也不夠主動，無法推開別人讓自己前進，總是等著別人來發現他們的優點，去推他們一把。

　　在生活中，不論是社交、商場，還是職場，那些膽小、孤僻、的人總是處於極為不利的情況。人們或許會替他們感

到惋惜，或許會同情他們。他們能力和人品都很好，只是缺乏主動性。只有自信、主動出擊、有膽量的人才會獲勝。

不論我多麼推崇謙虛，但某種程度上而言，謙虛絕對不可能促成一筆生意，或讓人賺到更多錢。在這個世界上，你要麼推開別人，要麼被別人推開，只有推開別人的人才是最終達到目的的人，被別人推開的人永遠不可能第一個到達。膽小的人是那些默默無聞的人，不論走到哪裡，都只能坐在最後，因為他無法承受粉墨登場、成為眾人焦點的壓力。

這種孤僻的個性無法將自己封鎖的力量釋放出來，只有透過積極主動與自信才能激發力量。培養自信心會為膽小保守的人帶來生活和事業上的根本改變，但是，對他們而言，擺脫困擾和恐懼，不受他人眼神和觀點的干擾是一件極為困難的事。膽小的人總是在想像中過於低估自己，這一點令他們深受其苦。然而，他們似乎深陷於此，很難自拔。他們總是覺得自己缺乏什麼，總是為此感到不安，但就是無法下定決心改變這種狀況。

阻礙膽小的人前進的另一個因素是他們太過敏感，自我意識強烈。他們的臉皮特別薄，感情太容易受傷害，這就導致了他們的多疑，因為總是覺得自己被輕視了，或被侮辱了。如果他們看到別人在笑，就會想當然地認為自己是被嘲笑的對象。如果他們不改變，這種錯誤和弱點必然會不斷增

強，到最後會真正陷入一種負面的思想狀態，然後漸漸累積成大缺陷，直至整個事業因此毀於一旦。

思緒合理、感覺細緻、天性認真，是膽小、敏感之人的性格特徵。他們通常具有最可愛的個性特點，他們的細膩是如此特別，以至於在這個並不十分適合自己的現實世界裡，他們都能夠用十二萬分的努力表現出自得其樂的樣子。他們不喜歡拋頭露面，緊張的生活會讓他們很不舒服，在這種情形之下，他們會退縮到自己的世界中去，漸漸遠離喧囂的人群。然後，他們便開始逃避，陷入某種情緒當中，永遠也培養不出能夠與更強大、攻擊性更強的人相抗衡的堅毅個性。

如果你膽小怕羞、生性敏感，那麼，你必須下定決心克服這種心理障礙。如果你不這樣做，你的發展必然會受到阻礙。記住，如果你脫離人群，不和其他人打交道，喜歡獨處，那麼，你所付出的代價將是無法將自己最好的一面展現出來。如果你總是獨處，你將會和一切能提升你能力、促進你發展的事物失之交臂。人生來就不是獨居的動物，任何從人群中隱退的人都會以天性的泯滅與抹殺為代價，必將過著不完整的、有缺陷的生活。

我認識一個人，他告訴我多年來他一直都膽小內向，羞於見人。他走在路上盡量不和人說話，甚至對好朋友也是如此。在他年輕的時候，如果家裡有同事來拜訪，他會找各種

理由躲開他們，他會待在穀倉裡或儲藏室，一直躲到朋友離開為止。他從來不敢去教堂或者人群集中的地方，就算去了，他也會趕在大多數人之前到達。他的性格如此內向，每當面對他人，或處在某種特殊的場合，當人們的注意力都集中在他身上時，他就會感覺到巨大的壓力。因此，他總喜歡獨自一人，把自己埋在書本裡，或悶悶不樂地想著自己真沒用。他已經把自己這種性格視為一種缺陷了。

　　最後，這個人終於體會到，膽小內向的性格將會毀掉他的事業，於是，他下定決心要克服這一點。他開始認真研究心理化學，並應用到每天的生活當中。現在，朋友們幾乎都不敢相信，這就是當初那個曾經膽小、孤僻的他。

　　就是因為膽小內向，許多人無法表達真實的自己。他們無法拒絕別人，總是遮遮掩掩，說些言不由衷的話，這一切並非出於本意，而是因為他們膽小怯懦，他們的性格中缺乏足夠的力量，無法堅持自己的觀點和立場。他們不喜歡反駁別人，只希望藉由應和別人而求得平靜。

　　膽小內向的性格往往會引發許多疾病。內向的人總是感到害怕，而長期害怕、不安的感覺往往會嚴重影響心臟和血液循環系統。當然，這或多或少會導致血液循環受阻及有害物質的滯留，而暢通的血液循環則會消除這些有毒物質。

　　恐懼不僅能使一個人的血液循環不順暢，還會讓人的意

志消沉，消耗人的精力。恐懼帶給膽小內向的人的影響遠比給自信的人帶來的影響更大。他們最害怕的事情就是一旦自己成為人們的焦點後，會招致他人的批評，會遭遇尷尬窘迫的情形，因而丟臉蒙羞。因此，他們本能地扼殺了說自己想說的話、做自己想做的事的衝動。這種害怕別人評價、害怕別人在背後議論的自我意識不僅讓他們處於不顯眼的位置，而且有害健康，因為自由表達有利於身心健康。

愛默生說：「無法戰勝日常恐懼心理的人，永遠也無法領悟到生活的真諦。」

我所認識的所有膽小的人都有做事拖泥帶水的習慣。這是他們根深蒂固的特徵，也是最大的缺點。他們永遠無法當機立斷做出抉擇，在對重要的事情需要做出決定的時刻，他們卻優柔寡斷，拿不起放不下。他們總是在質疑自己的判斷，等待著自己的觀點得到別人的肯定，然後才敢相信自己。這一點常常會讓他們成為缺乏主見的人，因而加劇他們的膽怯。他們不相信自己的力量，缺乏勇氣。在他們的字典裡，沒有「勇敢」這個字，因為缺乏勇氣，所以他們害怕冒險。

這也正是膽小的人遠遠落後勇敢的人的原因之一，他們不敢去做自己認為有把握的事，遲遲不肯做出決定，反覆考慮，膽小怕事嚴重損害了他們的決斷能力。

　　在這個競爭激烈的時代，膽小內向、遊移不定的年輕人早已失去了發展的空間。想要在如今這個時代獲得成功，年輕人不僅要勇敢，還要勇於抓住機會。一昧等待的人永遠不會是贏家，只要你相信自己，就算其他人並不相信你，你也有可能會勝出。相反地，就算所有人都相信你，如果你不相信自己，也同樣會是個失敗者。雖然你並不需要敲鑼打鼓來宣傳自己，但是你必須了解自己、尊重自己。你必須克服膽小內向的性格，相信自己，這樣才能戰勝恐懼和自卑。你必須充分發揮自己的力量，否則你就會失去力量。與其最終失敗，在過程中犯個錯又何妨？記住：「失敗不是罪過，害怕設定偉大的人生目標才是罪過。」只要有勇氣挑戰，就算失敗了也強過有能力獲勝卻沒勇氣去實踐。

　　莎士比亞告訴我們，懦弱的人早在死亡真正到來之前，就已經死過好幾回了。膽小之人永無止境的杞人憂天會給他們帶來許多麻煩和壞運氣，假如他們充滿勇氣和自信，就算他們預見的事情真的發生了，也不會因此陷入困境。膽小的人應該意識到，他們想得太多了，其他人連他們想的一半都不及。所以，膽小內向的朋友們，別人都在忙自己的事，根本就沒時間去想你們腦袋裡的那點擔憂。

　　如果膽小內向的人稍微知道一點心理化學方面的知識，如果他們知道，兩種截然相反的心態無法同時存在於一個人

的思想中，那麼，膽小就算不上什麼難以克服的弱點或心理問題了。膽小的人往往還有一種不如他人的心理錯覺，如果能夠反向思考，那麼，膽小自卑的感覺就會減少許多。你必須一直保持勇敢的想法，一定要明白，人類與生俱來的聖潔力量將會產生巨大的克服困難的勇氣。

膽小和敏感不過是一種心理弱點，它們都是能夠治癒的，尤其是在早期得到治療，效果會更好。但我也知道不少成功的例子，一些已經步入中年、原本十分膽小的人，他們在很短的時間內克服了這種心理障礙。這個問題其實很簡單，人們只要了解自己的力量，並且應用和你的弱點相反的精神力量就能做到，這與肺結核細菌能夠被抗生素消滅是同一個道理。

膽小內向的人應該牢記，你並不是一個流浪兒，也不是一個木偶，你並沒有被拋棄、被孤立，也不應該被機會、命運恣意玩弄於股掌之間。相反地，你具有旺盛的生命力，這種巨大的、富有創造性的生命力是來自宇宙的力量。如果你能夠意識到，自己和這股神聖力量的泉源有著密不可分的關係，就像陽光與太陽一樣，那麼，這種意識將不斷加強你的優越感，讓你從此擺脫自卑的想法，讓你不再覺得自己沒有足夠的能力來應付任何突發狀況。

解鈴還需繫鈴人。記住，如果你深受膽小內向之苦，解

決的方法就在你自己手裡，別指望外界的幫助能發揮多大的
作用，你只能靠自己來克服性格上的障礙，成功達成生活中
的理想目標。不要抱著幻想，自欺欺人地認為即使自己不努
力，精神力量也會鼓勵逼你前進。你有自己的雙槳，划動它
們，否則你就會隨波逐流，最後被生活的急流所吞沒。你應
當自己對生活中的成功與失敗負責，但是，要實現這一切也
絕非一朝一夕。因此，不論你對責任感到多麼畏懼，都要勇
於承擔它。正如卡萊爾（Thomas Carlyle）所說的：「當你做好
了手頭上的事情後，下一件事就離你不遠了。」

第 12 章
習慣與個性優勢

培根告訴我們：「按照科學方法精心培養起來的習慣實際上僅次於人的秉性。」而威靈頓公爵卻認為：「習慣僅次於天性？習慣發揮的作用十倍於天性！」

塑造優秀人格，培養良好性格的祕訣之一就藏在我們稱之為「習慣」的事物背後。習慣能為這個世界帶來奇蹟。

我們生活中現有的一切成就均來自習慣，人與人之間在能力和效率方面之所以存在巨大的差別，很大程度上來自於早期教育所養成的習慣。

許多少人年輕時結交狐群狗黨，最後因玩物喪志而毀了一生。

許多人總是抱怨自己的生活不如意，自己不如別人幸運，他們其實是受制於種種習慣，因而無法在自己想要努力的方向上有顯著的進步。

所謂「命運」這種東西，其實也就是一張自己編織起來的網。人們的習慣和行為就好比編織這張網所用的紡線。人的一生到底是一幅傑作還是一個敗筆，往往取決於他們平時所形成的每個或好或壞的細微習慣。

再沒有什麼比習慣更能夠影響人類的命運了。我們是自身習慣的產物，一種行為經過反覆實踐之後，就會成為一種迫切需要去做的下意識行動。

　　生活本身就是由一系列習慣組成的。當我們駕車、談話、彈鋼琴或者做其他事情時，我們無須刻意去想哪個動作應該使用哪塊肌肉。任何事情，一旦我們徹底掌握，就會變成一種不自覺行為。

　　不斷重複積極的行為和創意，一直到大腦中這種思維過程變成一種習慣，那麼，富創造性的、積極的個性也就自然而然地形成了。一個人的思維習慣既會讓他擁有強烈的個性特徵，也會讓他成為軟弱之輩。一個人如果擁有自信、自我肯定、果斷的心態，就會變得極富創造力，如果他思想中藏有懷疑、猶豫、自我貶低的想法，那麼，他就會成為一個消極、效率低下的人。習慣性思維只不過是一個如何組裝自己大腦的問題。

　　習慣伴隨著我們一同來到這個世界上，是我們終生的搭檔，它幫助我們完成想追求的事情。習慣能夠在很大程度上提升我們的素養，不同的習慣會帶給我們不同的結果，它既有可能推動我們前進，也有可能讓我們摔一跤，或阻礙我們前進。

　　「人」是由許多因素構成的，因此，我們的所作所為將成為自身的一部分。我們的個性也正是以這種方式塑造的。邋遢、馬虎的習慣必然會形成懶散的個性，所以，確保最佳性格的方式便是在生活中養成良好的習慣。有些習慣會讓人受益終生，它們的價值不可估量，這些習慣包括早晨按時起

床，不積欠債務，保持禮貌、和善，隨和待人，條理分明，準確表達每件事，有始有終，絕對誠實，不浪費時間。以上這些習慣一旦形成，將會在大腦組織上留下一定的痕跡，並徹底紮根於一個人的精神世界中。

竭盡所能做事的習慣將會成為一個人個性中的核心特徵，它影響著一個人的舉止風度和內在涵養。做事有始有終的人總有一種安詳平靜的感覺，不會輕易失衡。他無所畏懼、問心無愧地面對這個世界，他知道，自己做任何一件事情都很認真，無須感到羞愧，他的成長歷程是腳踏實地的。他認為自己很稱職，是業界的佼佼者，能夠應對任何突發狀況；明白自己一旦著手某件事，成果必然很優異，這種感覺能夠給人一種真正的、來自靈魂深處的滿足感，這種感覺是一個沒有全心投入、工作馬虎的人永遠無法體會的。

如果一個人能夠感覺到自己身體裡有一種鮮活的力量，這力量讓他能夠將工作做好，人們對他付出的努力給予高度的肯定，那麼，這便是成功。正是這種強烈的力量激勵著他的身體感官發揮最大的作用，促使心理與身體的力量增加好幾倍。這種精神力量的擴展給人難以言喻的滿足感，因為它實現了人類精神力量的高貴性與神聖性。

詹姆斯教授曾經說過：自卑是人類生活中最可悲可嘆的事情之一。一個人一旦形成了自卑這種致命的壞習慣，擺脫

它幾乎成為最困難的一件事情。許多人之所以會成為自我貶低的受害者，那是因為他已經習慣性地接受了人們對他的負面看法。

一定要小心，不要讓你臉上消極的表情洩露消極的心態，成為你不如他人的標籤。如果你習慣說「我做不來這個」、「我做不來那個」，如果你安於接受某些思想，認為事情總是對你不利、運氣不好、別人能做的事情你做不來，你就已經為自己貼上了輸人一等的標籤。

不要用貶低的想法和評價來對待自己，不要認為自己是個微不足道的人，永遠也不會有出息，因為這樣的念頭每出現一次，你就會朝著這個方向前進一步。你的心有多大，世界就有多大，你永遠無法突破自己的思想所設下的限制。

習慣只有在與之相反的思維模式下，才會漸漸被打破、發生改變。

想要獲得成功，培養習慣的努力必須是自願的、愉快的努力。如果一個人為了所愛的人改變自己的本性，成功的機率要比被討厭的老闆逼著做出改變大得多。

勇於征服，總朝著好的方向思考的習慣，相信自己無論做什麼都能成功的習慣，對個性的塑造能發揮極大的作用，它是一個人持久忍耐力的發源地，是美好個性的基石。凡是那些被認為在各方面都很優秀，做什麼事情都能成功的年輕

人，必然是具有征服精神的，無論走路或談話、他們的行為
舉止都顯露出這種精神。這樣的人才是真正前途光明的人，
每個雇主都在尋找這類型的人。經由一個人的儀態舉止，人
們總能判斷出誰是常勝軍，因為這樣的人無論走到哪裡都帶
有勝利者的姿態。這樣的人總是不卑不亢，光明坦蕩的。他
從不舉棋不定，每個行動都透露出堅定和意志。他的每個動
作都流露著力量。他從不回避你的眼神，也不多說什麼；他
從不轉彎抹角，總是開門見山。他很坦率，說話很直接，因
為他從不懼怕什麼。他的性格光明磊落，不會遮掩自己的計
畫，也不會隱藏實現計畫的步驟，因為他不需要這樣做，他
沒有祕密，他的一切都是公開透明。

　　我們發現，能夠讓人獲得成功的習慣都是由許多微小的
習慣組成的。其中最重要的就是做事當機立斷、無所畏懼。
這樣的習慣將會大大提升一個人的行動力。

　　透過培養，你能夠擁有的最好的習慣之一就是行動力。
這一習慣具有深遠的影響，因為得到聲譽的同時，也獲得了
人們對你的信任，人們會自然而然地覺得你在其他方面也是
一個值得信賴的人。納爾遜伯爵曾說過：「我將生活中的一切
成功都歸因於提前一刻鐘到達。」

　　很少有人發現行動力對於一個人事業的成功有多麼重大
的意義。它有助於培養良好的決策習慣。一個做事拖拖拉拉

的人做決定時也會搖擺不定，這樣的性格註定難成大器。

將「選擇正確的時機立刻行動」當作自己座右銘的人，更容易獲得輝煌的事業和生活。「準時」能提醒人們系統和條理的價值。人們應該在孩童時期就養成早晨按時吃飯、按時上學的習慣，這對他們日後成為一個可靠的人至關重要。

企業家總是十分強調及時迅速，因為具有這一特質的人通常還具有其他一些成功者所必備的品格。誰也沒聽說過一個拖拖拉拉、邋遢、馬虎的人能夠被視為及時果斷的人。及時果斷往往伴隨著有系統、有條理、時間觀念強、堅持、認真、徹底等品格。

個性積極主動的人通常做事迅速果斷，而消極被動的人在約會的時候通常較不守時。行動力強的人往往是果斷的人，他們比那些習慣遲到的人更明白自己想要什麼。所以，效率高的人、成功的人身上都具有近似於迅速及時、條理分明、創新、準確的特質。

人們雖然並不能夠完全意識到，正是一個人的各種日常活動，以及透過努力所得到的特質和思維模式造就了他的人生，但這的確是千真萬確的事實。習慣的培養一刻也不曾停止，即使我們睡著的時候，它的作用也仍然在繼續。

第 13 章

人與衣著

　　每當我們遇見那些注意自己的外表、在衣著方面極為講究、整齊清潔的人時，我們都會有種神清氣爽、精神振奮的感覺。特別注重穿著打扮的人，大多是舉足輕重的人，因為他們將自己獨特的個性與品味視為一份需要精心打理和呵護的珍貴禮物。

　　我們對待自己的身體也應當像對待自己的才智那樣珍視它，我們的衣著應該和我們的個性保持一致。愛美之心人皆有之，盡量將自己打扮得漂亮得體，讓其他人看了也感覺舒服。然而多數人都不怎麼考慮自己的形象和個性，他們並不在意自己是否整潔，衣著是否得體，形象是否良好。

　　菲利普斯・布魯克斯曾說過：「關注身體和關注靈魂並不是兩項獨立的職責，而是一項職責的兩部分。」

　　如果我們真的相信自己具有聖潔的品格，我們就必須承認，具有聖潔品格的人絕不應該像乞丐一樣衣衫襤褸或衣著寒酸、骯髒邋遢，以這樣的形象四處走動是對自己不負責。我們應該時常保持整潔，盡可能地在穿著、舉止、談吐、風度各方面留給他人一個美好的印象，每個人都應該是一件藝術品，這是我們應盡的職責。

　　我們無須將大把時間都花費在穿衣打扮上，只要保持整潔，並在衣著上稍加留意即可。

　　一個在各方面都十分細緻的人會注意到自己的每個細微

之處。早上出門之前，一定要做好遇到熟人的準備，確保衣服上面沒有汙漬。如果你將之視為生活中不可或缺的一個習慣，那麼，你不僅會更愛自己，而且會避免許許多多讓人感到尷尬、出糗的狀況。

我認識一個人好多年了，這個人頭腦相當聰明，卻不修邊幅。我幾乎從來沒見過他襯衫的領口和袖口是乾淨的，衣服上也常常沾有油漬。他經常打著一條髒兮兮、破舊的領帶，從來沒有特意擦過皮鞋，衣服也沒有熨燙過。這些都嚴重影響了他在事業上的發展。

我還認識一個專業人員，他才華出眾，自信幽默。因為他太不注意穿著打扮，看起來懶散邋遢，所以沒有人樂意邀請他，否則，他一定是個大受歡迎的人，尤其在公共場合，晚宴過後，他必定會有一番輕鬆幽默的調侃。不論他走到哪裡都沒有在乎過自己的穿著，他似乎也不注意其他人穿什麼，他的衣服總是不太合體也不太乾淨。

每個人都承認他是一個天才，他很有聰明才智，優秀出色，但是他的外表實在難登大雅之堂。

領口不乾淨的襯衫、過於破舊的外套會讓許多人顏面盡失，正如一位來自波士頓的朋友所講述的一次尷尬遭遇一樣。在一個下雨的早晨，他穿著一件舊外套出了門。這件外套不僅已經磨得起毛了，而且急需清洗與熨燙。他想，雨大

概會下一整天，所以他也沒有換襯衫，覺得不會有什麼問題。但令他大為懊惱的是，就在那一天，他卻遇見了幾個對他十分重要的人物。他後悔極了，如果時光能夠倒流，他一定會在那天早晨穿上另一件西裝，換上一件乾淨的襯衫。他知道自己衣著寒酸邋遢，所以表現得極為心神不寧，和平時簡直判若兩人。那一天，他一直都很敏感、心虛和忐忑。他說，這件事給了他一個教訓，他下定決心從此以後不論天氣如何，不論要去哪裡，穿著打扮不得體，絕不跨出家門半步。

我們都知道，一個人如果穿得很隨便，就很難將自己最好的一面展現出來。好的衣著能夠襯托出一個人文雅的舉止。得體的穿著會令我們自信，從而口才更好，思維更活躍，也會讓我們更加有創意，更充滿勇氣。心態與一個人的能力、效率密切相關，它既能夠提升也能夠減退一個人的能力。如果我們覺得自己的衣著有點問題，搭配不當，或給人一種寒酸、邋遢、敷衍的感覺，那麼，我們必然會感到不安和窘迫。這種感覺會削弱我們的勇氣，影響其他感官發揮作用。這樣一來，我們的創造力就會減弱，思考的力量和談吐也會受到嚴重影響。

雖然沒有人知道為什麼個性和衣著會對一個人產生如此強烈的影響，但是，誰也無法否認一件事，那就是服裝對我

們的日常行為具有非同小可的作用。漂亮的外表可以由內而外幫助我們，因為任何有助於增強自信的事物都能提高我們的效率，同時也能增強我們的幸福感。相信每個人都體會過新衣服或得體的裝扮是如何帶給自己愉悅，讓自己充滿活力的。我們都知道穿上新衣服時那種精神振奮的感覺，無精打采、萎靡不振的感覺一下子就離我們而去，瞬間產生許多力量！當人們打扮得體時，走路的步伐也會更輕快，更加精神抖擻，抬頭挺胸，思維也更加敏捷，有種成就感和更多的自信。

愛默生說：感覺自己衣著光鮮能帶給人一種內心的寧靜。那是一種來自內心深處的寧靜，它能讓我們有出色的表現，而當我們衣著寒酸邋遢時是絕不可能有這樣的表現的。

下次當你感到憂傷、洩氣，或對某些事情感到不理解時，不妨嘗試一下下面的實驗。洗一個熱水澡，可能的話，洗個土耳其浴，梳洗打扮一番，然後穿上你最好的衣服。將自己打扮得像要擔任某個重要職位一樣，將自己的房間整理好，彷彿有某位重要客人即將光臨一般，你會吃驚地發現，你的精神狀態將會自動做出調節，和你所假定的周圍環境相呼應。有一個奇怪的現象，那就是不論我們多麼有能力，我們都無法將自己的思想和外表切割開來，它對我們的生活具有微妙的影響。

　　不久前，一位極富人格魅力的女士對我說：「我也不明白這是怎麼回事，當我知道自己穿著好衣服時，總有種不同於平常的感覺。我感覺自己天性中的某一面被打開了，自己的力量得到了解放，我能更完美地表現自己了。雖然在別人面前表現良好是一種動力，但是除了這種動力本身，一定還有其他什麼原因，因為當我穿著好衣服的時候，就算獨自在家，心情也比穿得很隨便在附近走走好上許多倍。我甚至連信都寫得比以前好了，閱讀能力也比以前強了，工作也更得心應手。在某種程度上，穿著整齊可以讓我整個人精神振奮，我更有自信了，更關注自己、尊重自己了。現在，我發現自己已經體會到了注重穿著帶來的好處，當我穿著隨便時，就算是在家裡，也有種自慚形穢的感覺。」

　　艾拉‧惠勒‧威爾考科克斯 (Ella Wheeler Wilcox) 說：「要在生活中盡量讓自己變得美麗，首先要用美麗的思想、美麗的欲望、美麗的行動美化生活，接下來再去關注我們的身體，讓它保持乾淨、整潔、有條理，為它穿上得體的衣服。不論你生活中的目標是什麼，有一個事實是不容忽略的，你的個性和外表極大地影響著你的成功或失敗。有的人外表平凡，但他們的個性充滿魅力，前提條件是，他們穿著打扮都很得體。」

　　很少有年輕人對影響自己生活成功的事情投入足夠的關

注。個性品格是一個人最基本的財富，但是極少人發現到：認真打理這筆財富並讓它產生最大的利潤是件多麼重要的事情啊！

沒有人知道，也沒有任何一個統計學家或社會學家能夠給出確切答案，在失業、與成功失之交臂的人、靠救濟度日的人、違法犯罪的人這個社會群體中，究竟有多大的比例是因為剛入社會時沒注意自己的個人形象，才淪落到這步田地的。有一句老話說得好：「人靠衣裝，馬靠鞍」。我們或許可以質疑這句話的準確性，但是如果我們完全對這句話嗤之以鼻，就絕對不會踏入通往成功或高尚人格的捷徑。在這個世界上，能幫助我們的，除了一顆勇敢堅定的心，就只有良好的外表形象了。我們的衣服，以及我們穿著的方式，都對我們的生活有著極大的影響。莎士比亞說得好：「衣著常常代表著一個人的內在。」

衣著是我們在社交場合中的第一張名片，是一位紳士的身分標記和象徵。任何一個穿著不當或衣著寒酸的人都無法發揮最佳狀態。

好的衣著並不一定就是昂貴的衣物。好的衣著是指能夠表現出穿著者具有平衡的心態、有條理、能夠勝任工作的服裝，從穿著方式能夠看出一個人的狀態。

如果一個看起來落魄、無精打采的人去應徵一份工作，

他的外表很可能會令他求職失敗，因為他很明顯的令人感覺生活不如意，而任何一個雇主都不願意雇用一個滿臉沮喪的人。雇主追求的是效率，他們想要的是有條理、精力充沛、有衝勁的人，是有知識、有力量和耐力的人。所以當一個人的穿著和外表恰恰表現出他並不適合自己所應徵的工作時，可想而知會是什麼樣的結果。一個人只有在得到機會展示他的能力時，才能夠證明他有進步的能力。如果他用糟糕的衣著毀壞自己的形象，那麼，機會一般而言都會離他而去。

有許多頭髮已經花白的中年人，他們帶著滿臉的疑惑日復一日到處尋找工作。幾周過去了，幾個月過去了，他們仍然沒能成功得到一個職缺，這令他們大為失望和沮喪。而當他們求職失敗時，他們又似乎總是認為，問題就出在自己灰白的頭髮上，是因為自己年紀太大，全然沒有意識到問題是出在他們糟糕的外表與不整潔的衣著上。這種人總是喋喋不休地講述自己運氣多麼不好，一直很難找到工作，希望引起雇主的同情心。可惜這樣地抱怨運氣不佳只會阻礙自己的成功，讓機會離自己越來越遠。

所以求職順利最快速有效的辦法就是好好打扮一番，不論什麼年齡，都盡量讓自己看起來跟得上時代，看起來思想敏捷。如果你外表看起來不討喜，就不要抱怨自己總被別人拒絕。

遺憾的是，他人對我們的判斷往往不是經由大事情，而是透過一些小細節。指甲裡嵌著髒東西、破舊的領帶、油膩膩的襯衫領口、鬆垮垮的褲子、不乾淨的帽圈⋯⋯許許多多的小事情都能降低人們對你的評價，留給人們一個對你極為不利的錯誤印象。

我們是透過身體去展現自己的，衣著能夠在不知不覺中暴露我們的個性特徵。人們往往將一個人外表所顯露出來的東西當作他內在的品格，如果一個人的外表看起來不討人喜歡，或者令人反感，那麼，人們就會不自覺地認為這個人的思想相對應也是如此。不修邊幅的外表和不拘小節的舉止常常意味著混亂的思想軌跡和道德方面的缺點。

性格的退化往往是從忽視個人形象開始的。一個人不管出於何種原因變得灰心喪氣，只要他開始不注意個人衛生、對自己的衣著毫不在意，那麼，過不了多久，他也會漠視自己的公司、同事、自己的行為舉止，最終變成一個漠視倫理道德的人。良好、健康、清潔的身體和良好、健康、乾淨的人格之間有著密切的連繫。任何人只要忽略了其中一方，必然也會不由自主放棄另一方面。

羅伯特・J・伯德特說：「隨著生活水準的降低，人的思想境界也會降低。懶散邋遢具有傳染性，它能從一個人的外表傳遞到思想內部。衣服上的灰塵與汙垢極有可能會影響你的

思想。整潔是世上最為廉價的奢侈品，也是最讓人感到舒適的東西。」

專業人員、保險業務員、旅行社人員、管理人員，凡是在工作中需要和其他人打交道的人都說：世界上最缺乏遠見的做法就是在能買得起好衣服的情況下，卻穿著過時的、寒酸的、不乾淨的衣服，而且還不顧個人形象到處走動。經驗告訴我們，單單是外表形象就能夠產生很大的影響力，就能夠吸引雇主或客戶，同時，我們還有可能受到邀請，因而有機會結交更多的傑出人士，擴展自己的業務範圍。

如果那些已經功成名就的人覺得自己仍然有必要注意外表形象，那麼對於一個剛開始起步，或者努力到中途，眼看馬上就要得到自己所追求的職位的人來說，難道不是更加重要嗎？

好的衣著和整潔的外表能夠增強一個人的自尊心和自信心，提升一個人的能力。它能讓人無所畏懼，提升一個人的思想境界，讓他覺得在這個世界上有一個屬於自己的位置。重視自己的外表形象，盡可能地保持最佳狀態，時刻留意保持乾淨整潔，這種想法是一個人逆境中的支撐，能夠給予他尊嚴和力量，贏得他人的尊重和仰慕。

對於許多優秀傑出的人來說，如果他們在剛剛踏入生活舞臺的時候，能夠更多注意一下自己的外表與穿著，而不是

固執地認為太過注重衣著是紈綺子弟的風格，那麼，他們的成功可能會來得更快！如果林肯在早年時期更加注意自己的外表，那麼，他很可能就不用受那麼多苦。霍勒斯‧格里利（Horace Greeley）也一樣，似乎從來沒有關心過自己身上穿著什麼樣的衣服。所以說，如果一個人對待自己的外表馬馬虎虎，那麼，再偉大的思想也會處於不利的境地。當然，粗枝大葉的作風對一個人的名聲也不會有什麼好處。

　　生活應該向上努力。讓別人對自己印象不佳是承擔不起的損失。如果一個人的衣著和不修邊幅的打扮讓我們反感，那麼，他留給我們的第一印象就很難改變。如果一個人本身就有缺陷，那麼他更不應該讓自己處在不利的境地了。

　　每個人其實都應該是一件精緻的藝術品，使衣著與自己的個性保持協調，這樣才能留給人們最好的、最有利於自己的印象。然而，大部分人都是表裡不一的，衣著打扮並不完全符合自己的內在秉性、脾氣性格、年齡和身材體形。我們看別人穿什麼，自己就穿什麼。這世上沒有兩個人是完全一樣的，然而，我們卻戴著和其他人一樣的帽子，穿著和其他人一樣的衣服、和別人款式相同的外套。

　　服裝也是人的一部分，它應該有獨特的含義，應該能充分展現一個人的個性和特點。服裝應該是穿衣者自身的代言。沒有兩個人是完全相同的，那麼，我們為何要和別人穿

同樣的衣服呢？你的個性氣質值得好好研究，因此你的衣著打扮，就更需要展現出你的品味與眼光。不要認為每年去幾次賣場，花幾分鐘時間買套衣服就足夠了。另外，佩戴適當的首飾也能讓人增色不少。

　　某人問另一個人：「為什麼 B 先生身上穿的衣服很昂貴，也十分時尚，可是他看起來卻總是讓人不舒服呢？」另一個人回答：「因為 B 先生從來沒有真正了解穿著的意義，他只不過是在身體上覆蓋了一層衣物而已。」

　　我們都曾經遇見過 B 先生這樣的人，穿衣只為遮體，不為得體。無論是從顏色、款式或質地上來講，他們的衣服並不適合自己的個性氣質，看起來就像為了遮羞而胡亂穿了一身怪衣服。這種愚笨的穿著方式其實與其他沒有好衣服穿的人，與某些從穿著上就能看出其低俗品味的人幾乎是相差無幾的。

　　許多人稱自己買不起好衣服。他們無論走到哪裡都穿著不太合宜、將就的衣服，他們很想知道究竟有誰能靠微薄的薪水生活得好，又穿得好。這些人沒有注意到一個事實，那些穿著得體的人並非穿著昂貴衣服的人。乾淨整潔不比穿著名牌感覺差。穿衣服也好，其他事情也罷，細節之處往往更顯露重要。乾淨的領口、繫得很用心的圍巾、擦得發亮的皮鞋，這些都要比優質的亞麻襯衫、柔滑的絲綢和精細的皮草

更能反映一個人的個性。穿著得體要比衣物昂貴更能反映一個人的思想。一頂質地良好卻布滿灰塵的帽子不知道阻礙了多少人的成功，布滿汙漬和泥巴的皮衣絕對無法表現一個人的優秀品格。毫無疑問，穿著得體要比衣著昂貴更划算。因此，你一定要盡量買好一點的衣服，並好好保養它們。

經濟狀況較差，無法按照自己的願望去穿著的確是一個不利條件。但是，如果你心裡知道，你很整潔，並且已經盡可能地讓自己穿著得體了，那麼，你的舉止風度會更加自信、有尊嚴。穿著打扮的關鍵在於品味，它能夠反映一個人內心深處的追求。

不注重、不在乎衣著對你不會有任何幫助，更不會成為你人品出眾、思想偉大的標記。相反地，它只能表明你不關注自己，你要麼不太尊重自己，要麼不太尊重他人。穿著得體、漂亮的衣服，讓自己看起來賞心悅目是你應該做的事，這不僅是對自己負責，也是對別人負責。一個人如果更愛自己，那麼別人就會更愛他。

第 14 章
談話的藝術

　　不善於表達自己，以及心裡有很多想法，卻無法用趣味性強、有氣勢的語言有條理地表達出來的人，總是處於非常不利的情形之下。生活中，我們到處都可以看到事業發展迅速的人，只因為他們很會說話，他們能引起別人的興趣，這一點大大提高了他們的人氣，讓他們更具人格魅力。同時，我們還可以看到另一類人，他們在自己的專業領域中有很強的能力，但朋友卻很少，升遷也慢，只因為他們不善言辭。他們從來都沒有領悟到什麼是談話的藝術。

　　最有趣的事情莫過於聽一個善於表達的人用生動有趣的語言，繪聲繪影地講述某件事情。在談話的過程中，一個人的文化修養、教育程度、生活閱歷都會逐一表露出來，所以人們會盡最大努力提升自己談吐。不論你的職業是什麼，畫家也好，雕刻家也好，工作只不過占用了你生活中一部分的時間。並非每個人都能看到你的繪畫、雕塑，也並非誰都能有機會衡量你的工作能力，了解你的特殊才能，但是，不論你和誰閒聊，你的談話藝術卻是顯而易見的。只要你一開口，談吐就會顯現出來。透過談話，人們往往能夠迅速判斷一個人修養如何，因為談話能夠表明一個人有多少力量和才智。

　　那麼，為何不仔細研究一下精彩的對話需要具備哪些基本元素，從而讓你自己的談話也成為一種藝術呢？為什麼不多閱讀一些書，多觀察事物，多和人交流，盡可能多問問

題，多吸收知識，充實自己的思想呢？為何不下定決心讓自己成為一個談吐不凡的人呢？想想看它對你的朋友來說意味著什麼，會帶給你什麼樣的滿足感，對你的事業又會帶來怎樣的幫助？想想看，它對你能力的提升是多麼有幫助，能在多大程度上成就你事業的發展？

利用出類拔萃的談話能力，成為一個健談的人，能夠吸引人們，緊緊抓住他們的注意力，這其實也是一種無價的成就。高超的談吐不僅能夠留給陌生人一個好印象，而且有助於你結交新朋友、留住老朋友。談話藝術能幫助你敲開人們的心扉，軟化人們的意志，讓你在各種場合中都成為人們感興趣的對象，讓你在社交場合遊刃有餘，為你帶來客戶，讓你在商場或專業領域擁有固定的合作夥伴。

如果從你的談話中看不出文化和修養，身邊的朋友也沒什麼涵養，那麼，人們自然就會將你劃入相應的群體。你所遇見的每個人都在看著你特有的、能說明自身價值的標籤——外表、禮儀、談吐舉止。如果你出言粗俗輕浮，人們自然就會將你列入粗俗輕浮的一類人當中。如果你的言語不雅，人們也會依此看待你。

有人說：「語言表達既不是一個人自以為是的表現，也不是貧乏空洞的表現，要想成為社交場合和商場上的成功者，我們必須學會如何透過溫文爾雅的談吐來吸引人們的注意力。」

　　不善言談的人通常用「有的人生來就能說善道」來為自己找藉口。這麼說來，優秀的律師、醫生、企業家也是天生的而不是透過努力才獲得成功的嗎？如果沒有努力，恐怕誰也無法成功，努力是獲得任何有價值的成就所必須付出的代價。當然，有些人天生舌燦蓮花，很輕易就能用優美的語言自如地表達自己的思想，但這並不表示普通人透過後天努力也無法成為一個健談的人。來自思想的魅力和舉手投足之間的吸引力，幽默、富有同情心、反應敏捷、善於捕捉事物之間的連繫、領悟能力強，這些都是一個善於言辭的人十分明顯的特點。雖然有人會說，這些都是極少數人擁有的天賦，然而，每個人在經過努力後，都可以在這方面獲得一定的進步，都能侃侃而談。

　　在朗費羅給一位年輕朋友的建議中，有這麼一條建言，不善言辭的朋友不妨作為參考：「每天看一些美好的圖片，盡可能是自然風景，油畫也可以。聽一曲優美的音樂，或讀一首名詩。每天抽出半小時或一小時，就這樣持續一年，你會發現你的腦海裡經常會靈光一現，平時的累積已經成為一筆寶藏，就連你自己都會大吃一驚。」

　　由此可知閱讀的好處良多，但這裡所說的書籍並不是指膚淺的、追求感官刺激的小說，而是那些發人深省、能夠豐富知識、激勵我們的書籍，這些書籍讓人志向更加遠大、生

活更加自立、才思更為敏捷。對於那些細微的觀察者、聰明的讀者和喜歡思考的人來說，他們擅長的談話內容根本不受限。你可以隨意談論一天裡看到的、聽到的、讀到的東西，以及今天體驗過的趣事，你也可以談談讓你興趣盎然的事情。所有這一切都會成為你的精神食糧，成為你展開一段對話的素材。

富蘭克林告訴我們，當他醞釀嚴格而艱鉅的「完美道德計畫」時，他列出了十三條美德，每一條都附帶一句訓誡。第一條是節制，第二條是沉默，接下來是這樣一條訓誡：「只說有利於他人或有利於自己的話，否則請保持沉默。避免無聊的談話。」

在選擇話題時，應該盡量避免某些內容。盡量不要談論自己，也不要談論自己的職場和家人。辦公室和家庭是與一個人關係最密切的地方，這或許是人們最感興趣的話題，但拿它來當作社交話題是絕對不適合的。至於你個人的痛苦與傷感則盡量少說，不論你走到哪裡，這些事情說得越少，你就會越受歡迎，因為每個人本身的煩惱就已經夠多了。

有些人動不動就想得到他人同情，總是將自己的麻煩向朋友傾訴，直到朋友們見到他就害怕。對於這樣的人，非得讓他吃點苦頭，他才會明白這個道理。我就知道這麼一個實例：這件事令一位年輕女士從中吸取了寶貴的經驗教訓。她

生性活潑可愛，在社交場合中很受歡迎。由於她的性格天生就能逗人開心，所以，她身邊總是有許多朋友。直到有一天，她陷入了憂愁煩惱，所以常常在朋友們的車裡訴苦，這下子，誰也不來找她了。有一天，她遇見了幾個過去常來她家的女孩子，圍在一起嘻嘻哈哈地談論自己的所見所聞，於是，她想問問為什麼現在她比以前更需要朋友，而她們卻不去拜訪她了。她問道：「你們過去每天來看我，為什麼現在都躲著我？」

其中一個年輕女孩比較坦率，甚至有點粗魯，她回答道：「因為現在每次去妳家就像參加葬禮一樣。妳過去是我們幾個人中最開心的一個，但現在我們每次去找妳，妳的眼淚簡直就像洪水潰堤一樣，我們非常害怕，妳總是不停地說妳自己的煩惱。」

這位年輕女士感覺到很受傷，很震驚，也很憤怒，她大聲對這個毫無同情心的女孩說道：「別再說了，我們之間到此為止。」然後轉身離去。這件事情對她來說是一次寶貴的教訓，這些年來不論是好是壞，就算是在無法獨自承受的艱難時刻，她從來都沒有忘記過這個教訓。她已經學會了一首詩中所寫的一句話：

歡笑的時候，讓這個世界一同歡笑；
哭泣的時候，讓我獨自哭泣。

　　另一個應該盡量避免談論的話題是家庭瑣事。一些主婦的確很有才能，她們經常討論整理家務是一件多麼困難的事，客人們在離開後，總覺得自己的整個拜訪都是在和一些廚房瑣事打交道，產生了一種主人「招待不周」的感覺。

　　在公共場合談論宗教話題是最不明智的做法。因為每個人的宗教理念和觀點不同，所以，它會引起無休止的爭論，很明顯，這種爭論對於未參與的人來說令人厭煩，而且還容易成為主客之間不愉快的根源。實際上，宗教話題往往太過嚴肅，所以如果以此作為談論話題，恐怕除了每個人不同的個人觀點之外，其他方面將一無所獲。

　　接下來還必須說明一下為什麼在談話中不應該隨意非議他人。事實上，流言蜚語、搬弄是非已經為大家深惡痛絕。流言蜚語會毀掉家庭，能將人逼上絕路，會讓無數無辜的人成為犧牲品。因為謠言的矛頭一旦指向了某個人，即使後來事實證明一切子虛烏有，人們仍然不願承認謠言是錯誤的。

　　博頓・金斯蘭小姐說：「能帶來輕鬆愉快的談話不僅取決於談話者的知識與文化素養，它還取決於此番談話的意圖以及對其他人能有多少貢獻，而且，談話必須要以真誠、簡潔為前提。我們想要激勵別人，首先要對自己所談論的話題感興趣，發自內心的熱情是有感染力的，它會讓說話者的面部表情豐富生動，肢體語言活潑有趣，表達連貫清晰。當然，

這與眉飛色舞吹牛說大話有著千里之別。」

如果缺乏簡潔明瞭，談話就失去了魅力。如果我們聽某個人說話時感到很累，或者說話者過於注重自己說話的效果；如果這個人毫無必要地提到自己認識某顯赫人物，或者炫耀自己的成就，貶低他人抬高自己，那麼，從看穿他的那一刻起，我們就會對他的裝模作樣、矯揉造作感到厭惡和鄙視。真實具有一種神奇的力量，不論使用什麼樣的言辭來表達，人們總能夠感覺到它。「自我意識」只不過是「自我主義」另一個好聽一點的名字罷了，因此要想讓談話在簡潔的基礎上更加優雅，我們首先必須忘掉自我。

當我們遇見真正的談話藝術家時，我們會感覺到聽他說話是一種享受，是一種喜悅，我們會覺得奇怪，談話原本是藝術中的藝術，為什麼大多數人交流時竟然會以如此笨拙的方式使用語言這個媒介。

在我一生當中，曾經碰到過數十位讓我感覺具有極大潛力，能成為談話藝術家的人。其中包括：瑪麗·A·利弗莫爾（Mary Livermore）、朱莉亞·沃德·豪（Julia Ward Howe）、伊莉莎白·斯圖亞特（Elizabeth Stuart），她們的談吐都非常富有魅力，幾乎和赫爾之家的簡·亞當斯（Laura Jane Addams）及霍里克山學院院長瑪麗·伍利不相上下。如今，能找到一個八面玲瓏的談話藝術家，聽他用音調完美的語言說話真是件

稀有的事。

　　令人遺憾的是，不大關心說話方式是美國人的個性特點之一，美國人不僅不善於言談，而且不是好的聆聽者，他們根本就沒有耐心。美國人無法專注、熱情地去吸取故事或資訊中的精華，無法保持沉默來表示對談話者的尊重。他們總是不耐煩地左顧右盼，或許還會擺弄手錶，用手指在椅子或桌子上留下一些痕跡，身體扭來扭去，讓人感覺他們急於離開，他們還常常沒等別人說完就插嘴。事實上，美國人極度缺乏耐心，除了急於向前衝，去爭取想要的職位和金錢之外，沒有時間做任何事。

　　如果你希望別人對你感興趣，那麼你首先要對別人感興趣。聆聽本身就是一門深奧的藝術。最能夠取悅他人的事情莫過於讓他知道你很認真、很有興致地聽他說話。做一名好的聆聽者，其重要性僅次於成為一名好的談話藝術家。但是如果別人在說話的時候，你表現得無所謂，如果你的眼神四處遊蕩，看起來一臉茫然，那麼，別人也就失去了對你的興趣。

　　瑪格麗特·E·桑斯特曾說過：「談話從根本上來說是一種社會行為，這種行為在單獨的個體身上是無法進行的。要想展開談話，至少需要兩個人，一方說，另一方聽；一方提出觀點，另一方表示贊同；一方提出挑戰，另一方否認。在旗鼓相當的兩個人之間展開的對話，應該是生動而明快的，

雙方都應該很有禮貌而且很樂意去聽對方的意見。」

　　許多人不願意發揮自己的能力成為一個善於社交的人，成為一個好的談話者和聆聽者。許多人不願為此付出努力，以生性內向靦腆作為藉口。我們常聽到有人這樣說：「我對別人很友善，但我卻不知道如何來主動引起他們的興趣。我不知道該和他們聊些什麼，每當我需要自我介紹時，我就會張口結舌，呆若木雞。人們很快以各種禮貌的藉口離開了我，他們先是失陪一會兒，之後就一去不復返。」

　　這樣的人需要克服自我意識。他必須忘掉自己，發自內心地去接受別人。當然，一個人要想克服沉默寡言、靦腆內向的個性，戰勝害怕和陌生人交談的心理需要付出許多努力，但值得嘗試。下定決心告訴自己，你所碰到的每個人都有讓你感興趣的地方，如此一來，你就會驚訝地發現，你的表達能力提升了許多。不僅如此，你還會發現自己的個性也有了顯著的提升。從談話中能看出一個人非凡的能力與潛力，談話能夠以神奇的力量激發一個人的思想。如果你不盡力將自己的內在才能表達出來，那麼，誰也不會知道你到底擁有什麼。所以親愛的朋友，一定要記住，如果你無法用很好的語言表達自己，縱然有再多的天賦本領、再高的學歷、再好的衣著、再多的金錢，都無法讓你成為一個有趣的人，一個走到哪裡都能給人帶來笑聲歡樂的人。

　　任何有價值的東西都是透過思考、努力、不斷應用而得來的，獲得良好的社交能力也不例外。語言學家為了掌握一門外語，會花上數十年的時間進行研究，就算那些名聲顯赫的音樂家和畫家，同樣也要經過艱苦的訓練才能名揚四海。所以，我們應該十分確定，這個世界上因才智和超群的口才而出名的人絕不是在自己的領域中不思進取、遊手好閒的人。

　　不論你從事的事業是什麼，你都不能忽視培養個人品格，不能忽視令自己具有獨特魅力的重要性。在通往健全性格的道路上，你要明白該說什麼，如何用一種能夠取悅他人的、自信的方式去表達，因為它將為你架起一座座通往目的地的橋梁。

第15章
真摯，真誠！

　　許多年前，有個人來到了紐約的一家醫院，他想知道醫療科學能否幫助他做臉部整形，好讓他面對朋友時不用再戴面具。他是個化學家，有一次在做炸藥實驗時，化學原料著火了，並且發生了爆炸。當時正拿著一瓶硝酸的他摔倒在地，容器打翻了，硝酸溶液灑了出來，濺到了他的臉上。幾個月來，他都在死亡邊緣掙扎，他的臉已經嚴重變形，就連他的妻子看到時也嚇得逃離了他。

　　在嘗試了幾次植皮手術之後，外科醫生告訴他，他的臉已經無法修復了，他將永遠地將自己的臉藏在面具之後。

　　被迫將自己的臉隱藏起來，永遠不讓親朋好友看到，這是一件可怕的事情。但這個世界上卻有無數人主動替自己戴上了一副面具。他們幾乎從不向他人表露真實的自己，總是戴著假面具，表裡不一，毫無真誠可言。

　　我認識一些人，他們知道自己並不真誠，也不真實，他們並不是表面上看起來那樣，但是他們似乎沒有意識到，這是一件不道德的事情。戴著假面具，不以真實面目示人，口是心非，就好像天性中的一塊酵頭，它能削弱一個人的力量，讓他的自尊日漸消失。

　　在這個世界上，有一個人是我們必須要相信的，那就是我們自己。如果我們知道自己不是一個真摯、真誠的人，如果我們知道自己戴著假面具，那麼，我們就無法再相信自己了。

首先要做真實的自己。

其次要是非分明。

最後要對每一個人誠實。

我認識一些人，他們很有錢，但他們從來沒有得到過其他人的信任，因為他們不真誠，從來不說真話而且做作。人們都知道他們戴著假面具，他們總是把真實的自己隱藏起來。人們常常不信任那些心門緊閉的人，情願相信簡單、真誠、樸素、實話實說的人。我們相信那些勇於表明自己立場的人，有些人得不到我們的尊重，是因為他們人云亦云；我們尊重某些人，是因為他們對自己的立場堅信不疑；是因為他們毫不畏懼地做好了捍衛自己立場的打算。雙面人令人害怕，我們想要看到一個人真實的模樣和真正的自我。

所有真正的偉人都有一個共同的性格特點，那就是誠實、熱忱。如果一個人從不表露真實的自己；如果一個人待人不誠懇，那麼，不論他出身多麼好，成長環境多麼優越，多麼有聰明才智，人們很快就會開始拒絕他。

要想擁有至上之人格，真摯誠懇是基礎。做人不夠真誠，會影響一個人的其他美德，真誠永遠是其他任何品格或個性特徵所無法替代的。我們欽佩一個人簡單、真摯的品格遠遠超出對其他特質的仰慕。

　　「誠摯」（sincerity）一詞緣於拉丁語的「純粹」(sine cera)，它的意思是一個人從不矯飾，也不戴著面具。真誠的人從不藏在虛假的表面下，也不會讓真實的自己消失，他們從不模仿他人，也不會裝腔作勢，做自己就足以令他們心滿意足。他們從不害怕表達自己的觀點，不論這個觀點是否和其他人觀點一致。對於比他們職位高的人，他們從不阿諛奉承，卑躬屈膝，他們堅持做自己，真摯、誠懇、坦蕩，對一切豁達。這也正是我們欽佩真誠之人的主要原因 —— 他們總是擁抱真我。

　　如果你想培養富有魅力的個性，你就必須要有自己的特色，必須停止一昧模仿他人、照抄別人的做法，要勇敢地做自己，將自己的想法表達出來，這無疑會增強你的自信心。在需要表達自己想法的情形和場合下，你要有自己的觀點，並且有勇氣說出來，這將提升你的判斷能力、思考層次，以及創造力。

　　所有偉大人物的生活都是簡單率真的，他們從不炫耀賣弄自己，從不戴著面具矯情做作。紳士風度、簡樸、真誠是偉大的品格，而這些特質都建立在真誠之上。不論你多麼努力地想要掩飾真實的自己，不論你在大眾面前偽裝得多麼巧妙，你的天性卻是無論如何也掩藏不住的。如果你總是想將自己真實的一面隱藏起來，那麼，你必然會失去很多機會。

你眼神中流露出的訊息會出賣你。一個無意的眼神、不經意的一瞥都會悄悄地打開緊閉的心門，會揭開你偽裝的面紗，讓人們感覺到你竭力掩飾的真實企圖。

真相會以各種形式顯露出來，紙永遠包不住火。清者自清，濁者自濁。一個眼神、一個聳肩、一個細微的動作，都會露出端倪，此時，天性會說：「這才是真實的他。

熱愛真實的事物是每個偉大靈魂的共同特點，真實和誠實永遠並肩作戰，和他們切斷關係就等於失去了一筆寶貴的財富。

不論生活的際遇如何，也不論你所做的事情是成功還是失敗，有一件事情你是一定能夠做到的，那就是做一個誠實、真誠的人。你能做到真摯，你可以總講真話，這樣，每個人都會了解你，都知道你可靠，因為你一直如此表現。只有這樣，你的個性才能日臻完美，你會更有吸引力，擁有更強大的人格力量。

人格的力量往往和一個人的誠實、真誠、質樸程度成正比，這個世界願意聆聽人們的心聲，鄙視那些裝模作樣、油腔滑調的人。

虛偽做作是最讓人瞧不起的性格。任何欺騙，不論這種欺騙多麼無足輕重，都是危險的，它可能誘使你一直沉溺於謊言當中，因為你一旦開始說謊，就會形成習慣，謊言也會

越來越大，直到最後，你將陷入自己親自編織的各種謊言中，難以自圓其說，感到焦頭爛額。

　　待人不夠誠懇會使家庭產生非常嚴重的後果，其中最大的受害者就是孩子，當然，那些親自將這些不良行為示範給孩子們的家長同樣也是受害者。孩子們很小的時候就學會在小事情上說謊，長大後很有可能就會觸法。小孩子支支吾吾的謊話可能會讓他在成年後成為一個長期習慣說謊的人。因此，和孩子交流的時候，應該遵循真誠真摯的原則。有一則波斯寓言告訴我們真誠待人會給孩子帶來什麼樣的影響。

　　阿卜杜卡迪爾（阿爾及利亞民族英雄）的母親給了他四十塊銀子，並要他承諾永不說謊，對他說：「去吧！孩子，我現在將你託付給了上帝，我們也許今生永不再相見，直到我們面對上帝的那一刻。」

　　這個孩子離開了家，獨自去尋求財富。但是沒過幾天，他所在的那支尋寶隊遭到了強盜的襲擊。

　　其中一個強盜問他：「你有多少錢？」

　　阿卜杜卡迪爾答道：「有四十塊銀子縫在我的衣服裡。」他的回答引來強盜的一陣狂笑。

　　另一個強盜又惡狠狠地問道：「你到底有多少錢？」這個男孩不假思索地將前面的回答又重複了一次，這種坦白簡直

讓人難以置信。

於是，強盜頭目注意到了這個年輕人，對他說：「過來，孩子。你到底有多少錢？」

「我已經回答你的兩個手下了，我只有四十塊縫在衣服裡，可是你們還是不相信我。」

強盜頭子命令道：「撕開他的衣服。」很快地，他們就找到了銀子。

「因為我不能辜負我的媽媽，我曾經答應過她永不說謊。」

「孩子，」頭目說道，「你雖然年紀小，卻時刻牢記對母親的承諾，視之為一份責任，而我活了這麼大年紀了，卻剛明白，我欠上帝的實在太多了。把你的手給我，我要發誓從此以後重新做人。」

孩子把手伸了過去，其他強盜都感到大為震撼。

接著，強盜中的二頭目說道：「是你喚醒了我們的良知，至少對我而言是這樣，你讓我知道了什麼是美德。」說著，他也像大頭目那樣，握住了阿卜杜卡迪爾的手。就這樣，所有強盜一個接一個都前去握了他的手。

如果說什麼事情能夠讓我們感到最為震驚，那便是我們一向都很信賴的人竟然是個騙子。我們幾乎可以原諒任何

事，唯獨欺騙留下的陰影令人難以忘懷。

你不可能長時間將真實的自己隱藏起來。當你打算留給他人一個虛假的印象時，你就已經開始說謊了，但你遲早都會將自己的真面目暴露出來。正如愛默生所說的：「人的個性是無法隱藏的，它遲早都會顯現出來。不僅是透過我們的語言和行為很強烈地表現出來，也透過我們的氣場表現出來。每個人真實的一面也是如此，它遲早都會顯露出來。然而許多人卻不願承認他們真實的一面，總是想表現得更聰明，更富有或更強壯一些，最終毀滅了自己的生活。」

大多數人在生活中都是虛偽的，只有極少數人在各個方面都能做到絕對的坦率和真誠。也很少有人願意敞開心扉，讓人們看到自己靈魂最深處的東西，我們總是將心門緊閉。或許有時候我們會告訴自己最知心的朋友內心深處的想法，但絕大多數人對他人終究是有所保留的。他們表面上和人們談笑風生，其實從不允許其他人進入自己的內心世界，因為沒有足夠的勇氣坦白、真實地面對每個人。他們很在意別人的指指點點，對輿論的敏感令他們將真實的自己緊緊包裹起來。

對著自己並不喜歡的人滔滔不絕，是虛偽的一種常見的表現方式。有一次我聽到一個女孩在一位客人離開後這樣說道：「謝天謝地！這位嘮叨的大媽總算走了，簡直快把我煩死了。我每次看到她都躲著她，這次實在躲不過了。」然而，

這個女孩卻一直對這位大媽很客氣，甚至表現出一副很喜歡她的樣子。女孩一直都告訴大媽自己很高興見到她，希望她能常來，看到她真的很開心。她並沒有意識到，這種客套話給自己帶來了什麼後果。

最不利於品格塑造的事就是嘴上說一套，實際做一套。它是真誠的宿敵，而真誠則是力量的泉源。鑽石上的瑕疵不僅破壞了鑽石本身的價值，而且損害了鑽石在我們心目中的形象，每當我們想到鑽石，總會不由得想到，它是世界上最完美無瑕的東西。

男性最欽佩的女性是真摯善良的女性，而他們最討厭的就是喜歡說謊的女性。對於一名獨立自主的女性來說，她應具備的美德，最重要的莫過於有一顆真誠、透明的心。具有高尚品格的女孩不應該有任何形式的欺騙行為，包括語言上的欺騙、行為舉止上的欺騙和外貌上的欺騙。

信任是一切事情的基石，任何違反這一原則的做法均為下策，更不必說那些大奸大惡了。透過正當的方式謀生要容易得多，而令人吃驚的是，任何透過不正當的手段去牟取利益的人，最終都會事跡敗露，進而身敗名裂。

許多非法獲利者深陷牢獄之災，如果這些人當初是用光明正大的方法來謀生，那麼，他們現在恐怕早已是富有、有影響力的人物了。為每一次搶劫、竊盜制訂計畫，進行周密

研究，最終付諸行動，如果將這些心力用在正道上，就足以創造出更多的財富。

虛假的東西很快就能被人識破。裝腔作勢的人、假惺惺的人、口是心非的人永遠得不到他人的信任。對於不真誠，你總能感覺得到。拍馬屁的人永遠不會留給我們好印象，因為我們總覺得甜言蜜語都不是真心話。這種虛假的言辭很容易被看穿。

在人們的印象中，孩子是率真誠實的。如果你以自己的行為或其他方式為孩子樹立了一個愛說謊的榜樣，如果孩子發現你戴著假面具；如果你總是喜歡心口不一、虛情假意；如果孩子發現你在撒謊或欺騙，那麼，孩子就會對誠實不以為然，因為他認為父母的行為都是正確的。用不了多久，孩子自然而然就學會撒謊了。

我不止一次看到父親因孩子說謊而懲罰孩子，然而，當客人來到家裡時，父母不是也在做著同樣的事嗎？

在紐約就有這麼一個例子。有一個虛偽的人，他向自己一個經濟優渥的朋友吹噓，說花了多少錢來為豪宅添置各種藝術品、新家具等。客人走後，他的兒子對他說：「你對布蘭克先生說你花了那麼多錢來買這些畫，可是你很清楚，爸爸，你並沒有花那麼多錢啊！」父親回答道：「那又怎樣呢？向人們誇耀一下你的品味、你能買得起的東西，這沒什麼大

不了的。」

　　這個人怎麼也沒想到，過了一段時間，他竟然發現兒子開始說謊，而且是很嚴重的、讓他感到十分難堪的謊話。他詢問兒子原因，兒子說：「爸爸，為什麼前幾天你可以說謊告訴布蘭克先生你買的畫值很多很多的錢，今天你卻不讓我說謊呢？」

　　如果父母對孩子的責任感方向錯誤，就會經常導致父母對孩子不誠實。例如：父親也許不願意讓孩子掃興，就算買不起，他也不忍心拒絕孩子的要求，所以就硬著頭皮答應孩子，這麼做實在沒有必要。

　　為什麼不將家裡真實的經濟情況告訴孩子呢？你或許會說，你不想讓孩子過你小時候那樣艱苦的日子，你不想在他幼小的心靈裡留下貧窮的烙印，你希望他有一個幸福快樂的童年，穿著漂亮的衣服，擁有其他孩子擁有的一切。但是，你不覺得對孩子坦白，對自己坦白，對其他人坦白會更好一些嗎？為什麼要打腫臉充胖子，為什麼要戴著假面具呢？為什麼不願意讓別人知道你的真實情況呢？難道只因為別人的期待，你就必須竭盡全力去做一些心有餘而力不足的事情嗎？為什麼你要讓自己表面上看起來更好？為什麼非得讓別人覺得你很有錢呢？為什麼不實事求是一些呢？

　　你的孩子用不了多長時間就會知道你的實際情況，那麼，欺騙他又能得到什麼好處呢？

　　歷史上，在自己簡陋的住處用最樸素的菜肴招待尊貴客人的偉人比比皆是，但他們並不為此感到羞愧。有一個著名的法國人，他非常窮，每次有朋友來看他時，他除了馬鈴薯以外，再沒有別的東西招待客人。但他從不為自己的貧窮感到難過，他把每一分錢節省下來為自己的書房增添一些寶貴的書籍。

　　同樣地，拉爾夫・沃爾多・愛默生（Ralph Waldo Emerson）也不在意在尊貴客人來訪時吃得簡單，他也不會為此而道歉。偉大的人總是那麼簡單而質樸，在任何場合下他們都是真實的自己。他們絕不會讓你感覺到表裡不一，不會讓你產生錯誤的印象，覺得他比實際情況更好、更富有。

　　那些喜歡偽裝的人其實都是一些脆弱的人。總是偽裝自己的人永遠不可能成為擁有強烈人格魅力的人。生活在面具之後的人總害怕真面目被人們看到，他們總是想盡辦法來掩飾自己，很難自然地表達，因為他們太在意別人如何看待他們真實的一面。他們害怕別人看到自己的瑕疵和弱點。

　　我的朋友，沒有任何東西可以代替真誠，公正地對待自己，永遠不要試著去欺騙或偽裝，永遠不要戴上假面具，遲早你會無處可逃，你會難以自圓其說。如果你一直保持真誠、正直、簡單，你永遠無須再用十句謊言去掩蓋一句謊言，一切事情都會順理成章、按部就班。那麼，生活就會成

為世界上最簡單的一件事情，其他人會信任你。但是，如果你臉上戴著面具，人們就會懷疑面具後面到底是什麼，不論你說什麼，他們都會質疑，因為戴著假面具的人總是引起人們的懷疑。

鼓起勇氣做你自己吧！人們總是能辨別出那些虛偽的人，那些外表強於實際情況的人，那些貌似強大的人。

不論你是真誠的也好，虛偽的也罷；你是一個有教養的人也好，裝出來的也罷，每一個和你交往過的人心裡都很清楚。虛情假意或裝腔作勢都是沒有任何用處的，如果你用虛假的面目示人，總會有人揭穿你。虛張聲勢和說大話是真誠拙劣的替代品。如果你長期養成了行為粗魯、舉止無禮的習慣，那麼，就算你偶爾裝得很有教養、舉止文雅也是無濟於事的，人們一眼就能看穿你。如果你說話的時候竭力咬文嚼字，搞得弄巧成拙，人們就會明白，你其實根本就沒有什麼涵養，你只不過是在裝模作樣。如果你表面上對某個人熱情洋溢，心裡卻巴不得他快點消失，那麼，他很快就會感覺到你的不真誠。你的氣場中總有一些東西是你無法隱藏的，正是這些細微之處洩露了你的真實。

如果你想獲得真正的快樂，那麼生活得簡單、真實、自然一些吧！要真誠，對自己誠實，對每一個人都誠實，你將無所畏懼，你將不留遺憾，你將光明磊落、無愧於心。

第 16 章
自我發現之旅

　　達特茅斯學院一位著名的校長有一次在對全校學生演講時，提出了這樣的建議：「首先，要在年輕時找到真正的自我；其次，要確定你的發現是正確的。」

　　能發現更具潛力的自我，尤其是在學生時代就能發現，是一件很了不起、很重要的事情。而朝這個方向邁出的第一步便是接受教育，盡可能地多學習。

　　科學的進步提升了望遠鏡的倍數和比例，人類的視野也隨著望遠鏡的每一次改進而不斷被拓寬，它讓我們看到了更多的宇宙奧祕，為人類呈現出了前所未有的全新景象。教育、培訓、紀律就好比三架望遠鏡，能讓我們了解到，自己竟然擁有迄今為止全然不知的力量。當我們把教育這架望遠鏡瞄準自己的內心深處，我們會看到其中潛藏著神奇而巨大的力量，潛藏著無限的可能性。教育、培訓、紀律這三架望遠鏡的比例越是宏大，被調節得越是精準，我們就能發現更多自身的潛力。

　　發現潛能，激發志向，擁有崇高的理想，時刻督促自己，讓生命展現更大的價值，追求完美，盡全力發揮自己的才能，所有這一切都是大多數刻苦鑽研、勤奮好學的學生具有的主要優勢，你也應該不遺餘力地去獲得它們。如果你無法上大學，你可以利用業餘時間在家裡自修大學課程，有許許多多的年輕人都已經做到了這一點。

可以肯定，教育是通往自我發現的必經之路。如果你想成為一位巨人，而不是侏儒，你就必須不斷透過學習在各方面提升自己。藉由仔細觀察周圍的人和物，你能增加自己的才智；透過不斷學習、閱讀、思考，你能拓寬自己在心智方面的視野；透過不斷提升專業方面的技能，你能提高自己的效率。

勵志書或許是自我發現的另一個有效方法。亨利・沃德・比徹說，在讀完《拉斯金》之後，他再也不是原來那個他了。愛默生的作品啟發了無數讀者，包括我本人在內，許多人在讀過他的作品之後，才意識到自己具有更大的潛能。閱讀世界上最偉大的書籍——《聖經》、莎士比亞的巨著、名人傳記，以及那些偉大的探險家、發明家、文學家、科學家的生平故事，感受他們高貴的情操，這些都有助於人們不斷發現新的自我。雖然你無法親自與偉人交往，但是你手邊卻可以隨時有一本偉人傳記。經常閱讀這類書籍對你大有益處，因為人的理想和志向只有在精神食糧的不斷激勵下，才能保持光輝和活力。

許多成功人士直到中年或過了中年時期才發現真正的自我，才意識到自己的潛在可能性。他們偶然間讀到了某本勵志書，聽到了一次觸動內心的演說，或者碰到了一個有崇高理想的朋友，於是，他們豁然開朗，在一瞬間醒悟了。受到這些鼓勵，他們開始去尋找長期以來被封鎖在平庸之下的自我。

　　一切能激勵你進步，促使你不斷付出努力的事物；一切能夠堅定你的理想，能夠推動你、鼓勵你達到自己目標的事物，都是在自我發現過程中得到的豐厚回報。

　　要把握機會去聽成功者的演說，將那些生活中的勝利者、戰勝重重困難取得成功的人的照片掛在家裡的牆上，並在旁邊附上激勵的座右銘。同樣也將這些東西放在你的辦公場所，讓它們時刻出現在你的眼前，就像過去的羅馬人那樣，將大英雄的雕像放在小孩的房間裡，喚起孩子對英雄的崇拜，讓孩子具有英雄的美德。

　　環境是自我發現另一個強有力的因素。可能的話，我們必須將自己置於一個有利於孕育理想的環境中，這樣的環境會不斷督促並激發我們潛在的能力。

　　在不逾矩的前提下，我們應當盡一切可能釋放自己最大的能力。沒有人應該被限制在一個讓自己壓抑、消沉的環境當中，所以，如果一個人能利用身邊的一切機會，不論這機會多麼微不足道，他最終會突破環境的限制，得到發展。

　　如果你渴望對來自靈魂深處的召喚做出應答；如果你渴望將自己最有力、最優秀的一面表現出來，那麼，這個世界上恐怕沒有任何東西能夠阻攔你，因為「克服一切障礙的力量」就蘊藏在你的身體裡。如果一個人決定要找到自我、將潛在的才能最大程度地發揮出來，那麼，沒有什麼環境、情況會惡劣到

讓人絕望，讓人毫無機會，也沒有什麼克服不了的困難。

在逆境中前行的林肯，他所遭遇的巨大困難和克服的重重障礙在美國恐怕是無人能比的。

施瓦布年輕時，曾是賓夕法尼亞洛雷托市的一位巴士駕駛員，後來他還當過店員。他在沒有任何背景的情況下，逐漸改變了自己的環境，因為他能看準每一次改變的契機，讓自己進入一個更有利於實現理想的環境，最後成功地進入了卡內基鋼鐵公司。最初他只是一名拖板車司機，每天只拿一美元的工資，然而，他卻利用空檔時間學習，充實技能，讓自己能夠勝任更好的工作。他的心中已經確立了很明確的目標，他告訴自己：「總有一天，我會成為這家公司的總裁。我要讓我的雇主看到，我急切盼望能夠獲得更好的職位，我的付出將超過自己的薪資，我要超越老闆對我的期望。我心裡清楚，如果全力以赴地努力，一定能獲得巨大的成功！我要實現自己身為一個人的最大價值。」

這樣的年輕人當然能夠得到晉升，新的能力會隨著他的不斷進步逐漸顯露出來，這種全新的力量甚至會令他自己感到吃驚。沒過多久，他就成了一名工程師，接著又成為卡內基鋼鐵公司的總工程師。年僅 25 歲，他就當上了霍姆斯蒂德鋼鐵廠的主管，34 歲時，他同時負責管理卡內基鋼鐵公司和霍姆斯蒂德鋼鐵廠，39 歲時，他終於成了美國鋼鐵公司的總

裁。後來，他又擔任過伯利恆鋼鐵廠的總裁，國防造船廠的
董事長。他是世界鋼鐵業最了不起的人物，也是造船產業最
偉大的人，堪稱鋼鐵業界真正的巨頭！

布林沃說過：「那些強於他人的人，都是在早期就找到
自己的目標，並且習慣性地用目標來指引自己方向的人。所
以，即便是天才，也不過是在嚴格遵守自己制定的目標而
已，每一個恪守原則並且決心讓自己不斷進步的人都會在不
知不覺中成為天才。」

發展個人能力的過程，尤其是對特殊才能的開發，必須
盡早進行，否則，取得巨大成就的潛力就會隨著年齡的推移
而遞減。

如果你內心深處的呼喚不十分強烈，或者你的天賦並沒
有明顯到讓你對自己的終生職志毫不質疑，那麼，你就需要
更認真地分析一下自己，最終找出適合自己的職業。

海面上隨波逐流的幾團海草、幾塊浮木啟發了哥倫布，
並指引他踏上具有劃時代意義的探險之旅，讓他登上了美洲
大陸。正是這些東西不斷將新的希望帶給他，讓他有勇氣、
有能力平息水手們的不安和躁動，最終成功地發現了一個全
新的世界。正是這位偉大的探險家不斷向著西方航行，朝著
帶有陸地信號的方向堅持前行，才能最終將這個新大陸展現
給全世界。

　　如果你正處於自我發現的航程中，那麼，你必定能看到一些信號，這些信號來自某個特別的方向，它將告訴你，你擁有什麼樣的能力。緊緊跟隨著它，它將帶領你到達一個專屬於你的領域，你將會發現自己同樣也擁有一個新大陸。或許有人已經告訴過你，你在某些方面的確相當出色，面對重大危機時，你能夠採取一些令自己大吃一驚的行動，你根本沒想到自己擁有如此強大的力量。或許一直以來，你的生活安和平靜，所有認識你的人，都覺得你是一個再普通不過的人，但是，如果你在某一時刻曾受到激勵，那麼，你極有可能擁有更好的學業和事業。或許你的某種直覺、你本能的自信一直在告訴你，你身體裡還有更大的力量沒有發掘出來，你完全可以成為一名業績輝煌的業務員；成為一名口若懸河的演說家；成為一名偉大的律師，或者在其他和你目前的職業無關的領域裡大顯身手。在你的職場生涯，或許會突然出現其他一些跡象，顯示你在其他方面具有更大的可能性，你的內在力量超過了任何人對你的估計。

　　你需要做的事情，就是緊緊跟隨著這些透露出你潛力的信號。你要下決心讓自己永遠處於最佳狀態，盡可能每天發揮一些潛力，在自我發現的過程中，要像哥倫布那樣勇於探險，勇於發現屬於自己的全新領地，如此一來，你定能發現埋藏在你身體裡那個更大的自我。

　　裴斯泰洛齊（Johann Heinrich Pestalozzi）說過：「人們吶！大自然賦予你們發展自我的力量就孕育在自己的身體裡，就來自你們所感覺到的源於內在的強大力量。」除了尋求合宜的幫助，以及盡可能體驗一些有助於發現天賦、釋放內在力量的事物以外，最主要的是，你一定要依靠自己與生俱來的力量，盡一切可能發揮自己的才智。這個世界上每一個讓世人銘記的人、每一個做出貢獻的人，都是發現了自己內在力量的人。自我發展的強大力量其實就紮根在你的內心深處，只要我們努力將事情做好；只要我們努力讓自己在這個世界上有一席之地，我們必然會全力以赴發揮一切潛能。

　　就算是繼承了大筆財富的年輕人，也未必能發掘出自己比黃金還珍貴的潛能，同時，也沒有哪位父親能夠替兒子做到這一點，要想實現它，只有透過自身的努力、自我鍛鍊才行，在外界力量的幫助下所獲得的進步永遠無法幫助我們找到自我。

　　年輕時的愛迪生既沒有得到過他人的提攜，也不富有，更遑論有權勢的朋友，但是，他仍舊成為一個了不起的人，他只知道一件事，那就是他對科學研究和試驗情有獨鍾。愛迪生當時並沒有想過自己會成為世界上最偉大的發明家，他只是按照自己的才能，充分利用每一個來到身邊的機會不斷開發自己的能力。因此，他的能力猶如涓涓細流，在流向科

學海洋的過程中不斷被拓寬、加深，直到最後匯成波瀾壯闊的大河，流入大海。

　　林肯也許做夢都沒有想過自己竟然會成為美國歷史上一位偉大的人物，他只不過一直跟隨著自己擅長的領域前進，拚命獲得教育機會，在最大程度上發揮自己的能力。和其他人比起來，他似乎並不具有特殊、明顯的天賦或才能，但他將自己所擁有的特質發揮到了極致，向全世界展示了他巨大的力量與人格，為人民帶來了福祉。

　　這兩位偉大人物最值得後人銘記的共同點便是：他們都是經由自己的不斷付出，透過不遺餘力的努力而獲得了教育機會，將自己提升到能夠達到目標的最高境界。正因為他們如同哥倫布發現新大陸般地發現了自己隱藏著的能力，所以才能超越常人。

　　不斷自我提升、有自己的想法並付諸行動、積極創新，這些都是對發現自我極有助益的。

　　事實已經證明，精湛的工藝可以使一塊生鐵變成游絲。無論你覺得自己在天賦方面多麼欠缺，只要你願意，藉由不斷苦練、研究和付出，你就可以將自己原本的價值提升到一個你永遠無法想像的高度。

　　這，便是原本為織布工的哥倫布、原本是雜誌印刷工的富蘭克林、原本是奴隸的伊索、原本是乞丐的荷馬、原本是

刀剪匠之子的狄摩西尼，以及其他一些出身寒微的年輕人所做的事情。

　　一個人更大、更無窮的潛能，一個人未被開發出來的那一部分，或許正淹沒在懷疑、自卑、膽怯、焦慮、憎恨、嫉妒、自私等各種情緒垃圾之下。想找到真正的自我，首先必須要去除這些影響發展的障礙，以及其他一切阻撓因素。

第 17 章
健康就是力量

擁有健康的人就擁有希望，擁有希望的人就擁有一切。

—— 阿拉伯諺語

一位女士將汽車停在修車廠前。她說：「我真不相信，這麼一點小毛病竟然會讓一輛價值 10,000 美元的汽車無法行駛。」

技師告訴她：毀壞一輛最好的車是世界上最簡單的事情。如果車子有什麼地方損壞了，哪怕是最小的問題，如果不去理會的話，這個小問題要麼導致汽車無法發動，要麼引起更嚴重的問題。例如車子使用的燃油品質不好、某個螺帽或螺絲鬆脫、機油用完或者軸承過熱，任何地方出了問題，哪怕再小的零件，就算不至於無法行駛，也會讓車子的功能受到嚴重損害。

人人都知道這個道理適用於沒有生命的機器但是，大多數人卻似乎認為，對於結構更為複雜精細的人體而言，即使出現各種健康問題，身體仍然可以繼續工作。人們對自己身體健康的關注遠遠少於對車輛的保養，然而，當身體機能崩壞時，他們卻無法理解為什麼疾病總是來得如此突然。

前不久，一位躊躇滿志的年輕人找到我，希望我能告訴他如何提升自己獲得成就的能力。他面色蒼白而憔悴，臉上帶有精力耗盡的跡象。這個年輕人似乎急於功成名就、飛黃騰達，但他卻選擇了錯誤的方式。他所採取的方式嚴重威脅他的健康。白天，他努力工作一整天，晚上還要一直學習到

半夜一兩點鐘。為了提神，他不僅要喝過量的咖啡和茶，而且使用其他刺激類藥品，甚至使用毒品。

許多才能出眾的人對養生和健康問題的忽略已經達到了令人震驚的地步。身體處於健康狀況的人的比例只有千分之一。人們的健康需要有益於精神恢復的娛樂、體育活動來做適當的「調劑品」，「調劑品」應當由開懷的笑聲和生活中許許多多的樂趣構成。然而，有的人過多地使用了這種「調劑品」，有的人則使用過少，甚至有的人從未使用過。人們濫用自己身體的消化系統，吃下各式各樣的食物，這些食物彼此並不相容，因而不斷發生衝突，最終導致消化系統失調，然後，他們企圖藉由外界的刺激，如咖啡、香煙，甚至毒品來疏通它。這種方式的確能夠刺激某些器官的功能，就好比用鞭子在疲憊的馬兒身上抽打一樣，只能在短時期內發生作用。但我們幾乎沒有意識到，透過這種方式來解決問題代價十分昂貴，無異於飲鴆止渴。

富蘭克林曾經說過：十個男人中，就有九個在自殺。」這句話很有道理。不論走到哪裡，不論是從事哪個行業的男性，多年來的生活方式都很不健康，這種生活方式令他們的壽命大大縮短。

保持身體健康本來是一件極其簡單的事，但是許多人健康狀態每況愈下，一日不如一日，因為他們過多地消耗自

己。長期不規律的生活已經讓他們的身體透支，大腦和神經系統抵抗力減弱，因此容易罹患肺病或其他疾病，這些原本非致命的疾病卻奪走了他們的生命。

我們常常聽到許多有關保護自然資源的說法——水資源、森林資源、煤炭資源、礦產資源，以及其他一切自然資源。但是，保護人類資源同樣是迫在眉睫的事情——保護人類的健康資源、精力資源、潛能資源，還有我們的生命。但是我們卻毫不在意地肆意揮霍著自己的生命資源，令人痛惜。

人體本來是一臺功率強大的發動機，它為我們的生命系統源源不斷地輸送大量的能量。但是，和人體本身擁有的力量相比，我們實際的生命力卻是微弱和鬆散，渺小無力的。如果我們擁有良好的健康狀況，擁有旺盛的生命力，擁有活力四射的精神狀態，那麼，我們就能夠去做任何事情。

保持身心健康，去做我們最具潛力的事情，是一切成功的基礎。

如果你想要勝出（又有誰不希望呢？），你就必須在生活的競技場中使出渾身解數，擁有健康的體魄，保持最佳狀態，這樣你才能打出最漂亮的一仗。你必須像職業選手那樣，賽前做好充分的準備，下定決心保持自己的紀錄。在身體狀況不佳的情況下，採用旁門左道的方式去求得成功，就

好比由於使用不當，導致一個發電量大、高功率的發電機發生短路、燒毀或產生其他故障。

優勝劣汰是生命的法則。身體虛弱的人往往會遭到無情的踐踏。健康意味著自信、希望，健康能大大增強人們的勇氣，它讓我們更加相信自己的能力和自己的人生使命。信心是一切成就的基石，健康則意味著更多的機會與更大的可能性，它意味著效率、成功、幸福。可以說擁有健康體魄的人在任何年齡階段都是富有活力的。

一個人健康活力的發展和他在心智方面的發展同等重要，不論一個人的教育程度多麼高，如果他缺乏活力，他的沉悶讓你感到壓抑，他也就不再吸引你了。

人們常常問我如何培養個人魅力，那麼，我的第一條建議就是要有一個健康的體魄。因為一個人的吸引力是身心活力的組合。促進健康、注重養生是提高個人魅力的最佳途徑，一個身體虛弱、沒有生命力的人幾乎沒有任何個人魅力。

健康讓一個人感覺良好，感覺良好的人就會表現得很好，因為我們很難在病痛的折磨下微笑，在身體虛弱的情形下保持心情愉快。

擁有一個健康的身體，精力充沛，覺得自己是一個征服者，這是一種很棒的感覺。身體強壯，思路清晰，能夠應對一切突發狀況，這一切讓我們在任何情況下都能擁有主動

權，而一個弱者很可能會就此失去勇氣。

　　誠然，這個世界上有許多人拖著病痛的身體或在身體有殘疾的情況下創造了奇蹟，但這畢竟是極個別的特例，不能證明健康並不重要。諸如聖保羅、亞歷山大·波普（Alexander Pope）、凱撒、巴斯卡（Blaise Pascal）、納爾遜，他們都是身殘志堅的典型範例，他們用強大的精神力量和意志戰勝了身體上的病痛或殘疾。但對於絕大多數人而言，成功者都是身體健康的人。羅馬人的理念 —— 健康的思想孕育在健康的身體裡，充分表達了一個人身心健康的最佳境界。

　　對於那些體弱多病的人而言，健康是可以透過慢慢調理得到改善的。我們可以採取對待一株弱小植物的方式，利用陽光和空氣，再加上適當的肥料來逐漸改善。

　　健康的體魄、飽滿的精神和活力為我們的魅力指數加分，為我們打造超級完美的性格。

　　約翰·A·豪蘭曾這樣寫道：「偉人的吸引力來自這樣一個事實 —— 他只需要花費自己一半的力氣。正是他尚未發揮的另一半力量令他的才能得到人們的肯定。」這一半力量恰好就建立在良好的健康狀況之上。

　　「充分利用力量，創造最高效率。」這句話應該是我們的座右銘。但是，有多少人的所作所為卻與之相反？他們消耗著自己的身體！

　　早晨起來精神飽滿地開始一天的工作是極為重要的事情。只有這樣，才能對工作充滿熱情，才能有良好的精神狀態開心地工作，才能在工作中不斷進步，讓每一分鐘都過得有價值。如果你萎靡不振地去上班，用低落的情緒、沮喪的態度對待自己的工作職責，再加上大腦反應遲鈍，長期缺乏睡眠或不良生活習慣的影響，看上去滿臉疲憊。或者飲食習慣不佳、暴飲暴食導致消化系統損壞而影響身體健康。這兩者之間可謂天差地別，後者不僅會嚴重影響你的外表形象，而且會影響你的性格和個性。

　　心情愉快、精神飽滿、生活態度樂觀是健康身體的自然表現。而沮喪、洩氣、乖戾、不愉快的個性傾向通常與虛弱、衰竭的身體是相關的，與之對應的大腦和神經系統長期以來得到的血液供應也是劣質的。

　　成長中的年輕人自然而然滿懷希望，對自己充滿信心、對成功成竹在胸。他們比那些身體虛弱的人有更大的勇氣為事業做準備。人體應當攝入適當的營養，這樣才能夠為身體各器官提供充滿生機和活力的血液。

　　布利斯‧卡門說：「理想和志向是人類靈魂的自然產物。但營養和健康是生命力不可或缺的來源。」

　　美國高強度的現代生活已經使許多疾病發生了改變。現今，壽終正寢以及因慢性疾病死亡的現象已經頗為罕見了，

取而代之的是心臟病和中風，令很多人在沒有任何徵兆的情況下猝死。匆忙與焦慮是現代生活的主要特徵，同時它們也是人類健康的兩大敵人。

過去，人們常開玩笑說「為了節省時間，半夜起來吃早餐」，現在，許多人正在體驗這句話。為了趕時間，匆匆忙忙地吃早餐，還沒吞下最後一口，就衝進汽車或地鐵。有些人還冒著生命危險跳上已經開動的列車，其實他們只需要再等幾分鐘就可以安全地搭上下一班車。匆忙的節奏其實未必能節省多少時間。有句老話說得好，「欲速則不達」，這句話用來描述那些每日生活在快節奏中的人再合適不過了。總是行色匆匆的人會變得神經質、易怒、暴躁。

許多美國人看不慣英國人「不疾不徐」的做事方式。吃一頓飯要花那麼長時間，下午茶時間還要稍作休息，然而這種悠閒的方式更有益於健康、成功和長壽。你幾乎看不到有哪個英國人是慌慌張張的，通常你也不可能讓他加快節奏。但他們一天的工作量並不會比行色匆忙的美國人少多少，因為他們做事的效率高。對於每一個在辦公室裡焦頭爛額的人來說，最好的座右銘便是：不必操之過急。

快速進食已經成為現代文明的一大弊端。大都市中的人們匆匆忙忙在 15 分鐘內解決午餐，商務人士總是邊用餐邊關注股市行情。

吃飯的時候仍忙著想事情不利於消化。要多花點時間細嚼慢嚥，如果可能，在吃飯的同時進行一些輕鬆愉快的談話。吃飯時，把工作的事放在一邊，把吃飯當成一件正事，這樣，身體就會將進入腸胃中的食物充分吸收。

飲食規律也十分重要，因為胃是有慣性的器官。如果它習慣了在某個特定時間接受食物，到了這個時間，它就會自動分泌胃酸，為消化食物提前做準備。但是，如果一個人吃飯時間不規律，胃部沒有提前做好消化的準備，就會影響消化和吸收。飲食規律和飲食內容同等重要，它們都有助於保持健康平衡。

「看一個人，要先看他吃什麼。」

暴飲暴食或飲食不規律的人很難長壽。當人體的消化系統開始工作時，身體其他部分的能量就會移轉到胃部。伏爾泰認為，一個國家的命運常常取決於總理處理政務的才能。歷史學家莫特利的觀點是：查理五世的感知力改變了整個世界的命運。但是很少有人了解到，我們的成功與失敗、受人歡迎與否很大程度上與我們的飲食密切相關。

虛弱單薄的身體無法為大腦提供足夠的養分，讓它發揮正常的功能。如果大腦得不到足夠的營養，它就無法獲得活力、動力、精力和耐力。

　　如果你要保持健康，就必須講究科學，健康從合理的飲食開始。

　　食物要多樣化，而且要理性進食。大多數人吃得過多，尤其是那些久坐的腦力工作者。班傑明‧富蘭克林給出了明智的建議：「食物和水分的攝取量應恰到好處，既要適應體力的需求，也要考慮到腦力需求。」吃得越多，需要的睡眠也就越多，人也就會變得越懶惰。當然，我們也不必過於極端，比如說為食物稱重，將食譜嚴格限制在穀類、水果、堅果、蔬菜，將肉類排除在外，但是我們必須理性選擇食物的品質或數量。另外，在戶外活動的時間越長，對健康就越有利。

　　奧斯丁‧弗林特博士說：「運動訓練和戶外活動要比任何已知的藥物對疾病的療效更佳。」

　　對於運動的類別和強度，我們必須要有合理的判斷。過度鍛鍊非但不會改善體質，還會有損身體。容易興奮的人和體質虛弱的人不適宜在晚上八點以後做任何形式的運動訓練。這些人常常說，在健身房裡度過了一個美妙的夜晚之後，躺在床上至少要兩小時才能入睡。如果他們能夠按照以下方式去做，他們會很快進入夢鄉：睡前喝一杯熱牛奶或熱水，吃一小片奶油麵包（麵包必須是全麥的，而且至少是兩小時前烘烤出來的）。

過度鍛鍊會讓人精疲力竭，這樣的鍛鍊對身體沒有任何好處。運動是確保年輕人生活健康的最佳途徑，因為它能消耗掉年輕人過多的精力。

適度的鍛鍊會讓一個人在短時間內活化腦力。精神健康取決於身體健康，而身體健康則取決於肝臟功能，肝臟的狀態又取決於鍛鍊成果。

睡眠是健康的重要部分，睡眠為人體儲存能量。里德告訴過我們：「每一天都有生命的守護神讓我們擁有全新的一天。」詩人將睡眠稱為「大自然賦予我們的甜美恢復方式」，莎士比亞則說：「睡眠能將散亂的部分修整連為一體。」

在過去，人們對睡眠時間的規定是：男性需要六小時睡眠，女性需要七小時睡眠。但是經驗和醫學常識早已經推翻了這一個沒有任何依據的規定。辛勤工作的人，不論性別，均需要充足的睡眠。格蘭特就曾經說過：如果沒有至少九小時的睡眠，他根本什麼都做不成。

每天早晨，不論是在地鐵還是公車裡，我們所看到的不是一張張充分休息後精神煥發的面孔和炯炯有神的眼睛，而是許多滿臉倦容的人。他們眼皮沉重、疲憊不堪，一看就知道是因為缺乏睡眠而精神不振。

失眠會導致抑鬱，而緊接著的或許就是精神分裂。

　　規律地休息有利於舒暢的睡眠。霍勒斯‧格里利（Horace Greeley）在工作時間結束後，從來不允許任何生意上的事情或娛樂活動占用自己的睡眠時間。諾斯克利夫公爵，世界上最具人格魅力的人之一，晚上九點半準時睡覺，早晨六點半準時起床。

　　許多人睡眠不足是因為睡覺時想著工作中的事，或心中有所焦慮。他們從來不知道要在工作結束後放鬆，因此無法得到充足的睡眠以保持工作效率。

　　格拉德斯通的一生都具有一種非凡的能力，他只要一離開倫敦，就能將所有的政務及大大小小的事情拋諸腦後。他聲稱，自己只要頭碰到枕頭，五分鐘之內就不會再去想任何議會當中的爭論。

　　疲憊感是人體的危險信號之一。在身體或大腦疲憊時，仍然繼續透過刺激的方式得到的成果往往得不償失。

　　為了使我們身體健康，大自然賜予我們安詳的睡眠，並讓睡眠時間占據了一生 1/3 的時間。黑夜趁我們熟睡的時候為我們的身體全面檢修，讓白天為生活而奮鬥的我們，讓精疲力竭、疲憊不堪的我們，讓傷痕累累和恐懼不安的我們每晚從生活的舞臺上退場。睡眠過後，大腦中的每個細胞都會得到更新，各種器官組織所產生的新陳代謝都隨著血液循環排出體外，或者被運送到肺部，透過呼吸排出體外。早晨起

來，整個身體便會煥然一新。

睡眠充足、自然醒來的人，在新的一天面對辛苦工作時興致盎然。〈聖經·詩篇〉中有一個很美的句子：「如同一個要去賽跑的健壯男子般快樂。」

我們為健康付出的成本是有限制的。我們無法在第一天夜裡多睡幾小時，代替第二天晚上的睡眠；我們也無法強迫自己的胃一天只吃一餐；我們更不能指望自己不分白天黑夜地工作，然後馬上就能飛黃騰達。大自然是按照一定的時間規律運行的，任何人企圖催促她、加快她的步伐都會不可避免地招來災禍。任何人都欺騙不了大自然。如果人類違背了大自然的法則，或許不會立即付出代價，但是，如果人們過度透支腦力和體力，一定會得到反噬。大自然或許會將今天我們想要的先借給我們，但是明天，她就會像夏洛克（莎士比亞劇本《威尼斯商人》中的放高利貸者）一樣，連本帶利地收回。大自然不會原諒人類的軟弱、放縱或無知，她要求人類處於最佳狀態。

健康是每個正常人與生俱來的權利，不要用健康交換虛榮的生活，虛榮的生活往往是虛無縹緲的，很快會化為灰燼。一定要牢記一則伊索寓言中的故事：一個人為了一碗肉湯出賣了自己的身分，後來，當他得知自己有一筆財富可以繼承時，後悔得嚎啕大哭，但也無濟於事。

　　如果我們時刻牢記，大腦機能的完整性與效率取決於健康；良好的健康能加倍提升我們的行動力；能大大增加我們的創造力，能產生熱情和自發性，提高我們的判斷力和決策力，我們就應該努力維持健康，因為再沒有比體力和腦力更珍貴的東西了。

　　如果你躊躇滿志，想要擁有一個屬於自己的天地，最划算的做法就是無論如何也要保持身體健康。只有這樣，你的思想才會健康、充滿活力，才會發揮它最大的功效。

　　缺乏睡眠、缺乏戶外活動和鍛鍊、缺乏有營養的食物、缺乏深交的摯友、過度工作，所有這一切都是生命中的漏洞，它消耗我們的精力，奪走我們的生命力，讓我們一事無成。每一次脫離正常的生活軌道；每一次違反健康原則，在不良的生活習慣中浪費力量；每一點精神上的不協調；每一個錯誤的生活態度；每一種不好的情緒——擔憂、焦慮、恐懼、嫉妒、憎恨，所有這一切都會縮短你的壽命，阻礙你取得成功。

第 18 章
志向 —— 一切成就的動力

　　沒有遠大理想的人永遠成不了大事，志向是一切成就的動力。一個成功者和一個碌碌無為的人、一個具有人格魅力的人和一個弱者之間最明顯的差別便是志向的不同。你將成為怎樣一個人，你能有什麼樣的成就，很大程度上取決於你的理想。如果你胸無大志，那麼，你必然也缺乏勇氣、創新精神和管理才能。

　　如果用連續的畫面來描繪你的理想，你可能會看到，每經歷一次負面思考，每焦急、憂愁、洩氣一次，你的理想就會跟著低落下去。

　　如果你想在生活中獲得成功，如果你想達到一個萬眾矚目的高度，你就要留意一下自己的志向！

　　要像對待無價珍寶一樣保護自己的理想，因為你未來的一切成就全都取決於它。只要你的理想堅定、有意義，你就是在做有價值的事情。如果一個人沒有理想，對未來很模糊，那麼，他無論是精神上還是身體上都會不斷退化，緊接著就會導致非常嚴重的後果。

　　如果你看到公園的長椅旁有年近半百的男性在漫無目地閒晃，衣著寒酸、邋遢，或者有時會看到那些很顯然毫無前途和希望的人們，別忘了，他們或許也曾擁有和你一樣的夢想，他們曾經也和你一樣在意自己的外表，並為自己感到驕傲。他們中的許多人就這樣眼睜睜地看著自己的理想漸漸

破滅；熱情漸漸冷卻；未來漸漸模糊。這種退化是如此隱蔽、微妙，還沒等意識到這一點，他們就已經變成了現在的樣子。

能夠實現自己年輕時期理想的人少之又少！你可以將你現在的職位、家庭、成就和你的兒時夢想做一下比較，你會發現，和你想像中的自己比起來，此時的你是多麼平庸！你曾經那麼確信，自己一定會是個大人物，一定會在這個世界上赫赫有名，你將發揮自己的各種才能，讓世人有目共睹，你堅信自己將會擁有一個受人尊重和信任的職位。然而，此刻你卻發現自己只是一個普通人而已，就像世界上千千萬萬的普通人一樣，永遠也不會引起別人太大的關注，也不會去做任何你曾經信誓旦旦說過的大事。

為什麼會這樣呢？你的運氣為何如此不佳？為什麼你的生活如此令人失望？你為什麼無法成為自己理想中的那個活躍人物呢？為什麼你偏偏成為了一個普通人？為什麼明明感覺到自己能做大事，卻不得已做著一些微不足道的事情呢？你以前的理想都去了哪裡？你最初的夢想變成了什麼？是什麼冷卻了你以往的理想和意志？理想之火為何會漸漸熄滅，只留下殘存的記憶？

白朗寧有一句名言：「人不進則退」。

不斷進步或許是生命中最大的快樂。能夠感覺自己沿著人生的軌跡一路成長、進步，是一種長久的滿足感，這種滿

足感是其他任何事物都無法替代的。我們生來就是應該成長的，我們絕不能止步不前。

如果我們想要成就最完整的自我，就應該把「成長」當作自己的座右銘。

我的經驗告訴我，生活中的大多數失敗都是由於沒有樹立起正確的理想。我們不願意為更好的生活、更大的成功付出應有的代價。大多數人所走的那條最容易走的道路會帶領我們來到某個虛無之城。

許多人似乎認為根本沒必要付出努力來實現自己的理想。他們認為，理想這個東西生來就會自動成長，不需要培養，也不需要管理，這也難怪為什麼這些人很快就丟掉了自己的理想。

就這樣讓自己的理想消失不見或漸漸幻滅，讓心中的美好景象褪色或消失是一件很容易的事情。我們應該像培養其他方面的才能一樣培養自己的理想，不但要常常想著它，而且要實踐它，要不斷為它之奮鬥。

對於一個有理想的人來說，最大的危險在於獲得初步的成功之後，便鬆懈了努力，從此不再進步。通常，我們在努力實現自己的理想時，會盡全力證明我們能將事情做好。

不要被教條所限制，不要貪戀舒適、悠閒的生活，如果有能力重新開闢一條更好的道路，就不要被舊有的習慣所羈

絆，這對我們來說十分重要。

最能夠破壞理想、打擊士氣、自毀前途的事情，就是陷入舊事物的制約中。在舊思維的限制下，永遠無法進步，只會一天天消沉下去。

許多人一直處在前人經驗的約束之下，不願意做一些努力和嘗試去突破。有許多員工有能力在幾周之內大幅提升自己的能力，前提是他們必須下決心突破制約著自己的舊框架，揮別不合適自己的事物。許多人對工作並不滿意，也不開心，覺得枯燥無聊，但是，他們就這樣將就了一天又一天，一年又一年，並沒有努力去尋找更適合他們從事的工作。

無論走到哪裡，我們都能聽到人們大聲的哀嘆，後悔自己本來能有一番作為，卻偏偏一事無成。我常常聽到周圍有人這樣抱怨：「當時我要是能下定決心離開就好了。我要是從一開始就去做我打算做的事情就好了。」

我們常常自欺欺人地拒絕做自己應該去做的事情。我們用各種藉口麻痺自己，我們總是在想，或許應該再累積些經驗？再累積些資金？再等更好的機會？等孩子們大一些再說？實際上，藉口是沒完沒了的，如果我們想找藉口的話，總能找出一大堆，就像我們以天氣不好、沒有像樣的衣服、身體不舒服為理由不去參加活動一樣。

　　大部分人長期生活在自我催眠的狀態下。他們總是為自己的各種性格傾向找藉口，而事實上，阻礙許多人進步的，僅僅就是懶惰而已。儘管我們不願承認這一點，但事實確實如此。不願意多發揮自己的能力；不願意做額外的工作；不願意操額外的心；不願意擔負額外的責任。我們情願少擁有一些東西，因為我們不願為更多的收穫付出代價，而我們知道，如果願意付出，其實我們能夠得到這一切。許多人的人生之所以失敗，是因為他們的理想仍處於蟄伏狀態，他們的深度思想還沒有被觸及。

　　有些人在諸多榜樣的刺激、鼓勵和敦促下才能激發志向，他們才能發現到，自己同樣也具有無限的潛力和進步的可能性。有時候我覺得，這世上最偉大、貢獻最大的人，其實是那些幫助我們找到自我的人，那些給我們勇氣，讓我們努力去做自己渴望已久並且有能力去做的事情的人。愛默生曾說過：我們每個人都迫切需要有一個人激勵我們去做自己能做的事。能夠讓我們努力去做自己力所能及之事，能讓我們勇於面對困難的人，才是對社會最有用的人。

　　如果說志向是生活中成功的主導力量，那麼，熱情便包圍著理想，和它形影不離。沒有了理想和熱情，就算是最具吸引力的人也會變得蒼白無力。理想和熱情猶如一對雙胞胎，手牽著手同時點亮我們。

　年輕的朋友啊！你才剛踏上事業的坦途，為了獲得一個能夠激勵理想的環境，為了有人能夠不斷刺激你的熱情和理想，每天督促你做得更好，你需要做出適當的犧牲。你要緊緊跟隨著那些成功的人，尤其是在你所處的行業中獲得成功的人。成功就如同一股潮流，只要你投入其中，緊緊跟隨著那些一心想要有所作為的人、一心想要成名的人、擁有崇高理想和遠大目標的人，你就會汲取到一切成功需要具備的東西。

　你會感受到你所處環境中的氛圍。

　「近朱者赤，近墨者黑」是一句古老的諺語，和志向遠大的人生活在一起，處於激勵人們上進的環境中，和那些勇往直前的人在一起，你自己的志向也會得到提升。你將會受到鼓勵、刺激，躍躍欲試，那麼，你成功的可能性也就更大一些。

　身為社會新鮮人，你要將自己放在一個適當的位置上，喚醒自己最強有力的一面，，這很重要。如果你認為自己有可能做出最了不起的事情，並且有志向做到最好；如果你得到一個能讓自己發揮最大潛能的職位，那麼，你的工作將會為你的人生帶來很大的影響。找到適合自己的位置的重要性就相當於為一顆優質橡果選擇一個理想的種植地點，好讓它有條件長成最高大、最挺拔的橡樹。一棵橡樹最終會長成什麼

樣，除了取決於那一顆橡果之外，還受土壤的品質、化學成分和天氣的影響。如果橡樹得不到充分的陽光照射；如果它被種在背光面；如果土壤不適合它生長；如果氣候也不適合，那麼，再完美的一顆橡果也只能長成一株低矮的植物，還沒等長到應有的一半高度，就停止了生長。對於一顆優質的橡果而言，需要在適宜的土壤、氣候條件下生長，並用科學的方法來培育，方能成為參天大樹。人類也一樣，許多人能夠走在成功的道路上，是因為受到其他志向遠大之人的感染。

任何教會我們反問自己「我為何做不到？」的人，都是我們的朋友。我們可以去閱讀他人的成功故事，還有那些戰勝自身不利條件，在看似沒有可能的情況下獲得成功的人的故事；我們可以和生活充實、精力充沛的人交往，或處於能激勵理想的環境之下，因為任何能夠觸及靈魂深處，能夠帶給我們理想並充滿鬥志、下決心有所作為的人，都是我們的朋友。

愛默生曾經說過：「我還從來沒有聽說過，有哪個人不需要下決心，就能獲得任何形式的活力和做事情的動力。那是當然的，因為這種奮鬥的精神具有感染力，每個人無一例外，都會受到能激發我們理想的人事物的影響。我們都很容易受到鼓舞，每當我們看到那些具有英雄氣概或成就斐然的人，或聽到他們的事蹟，我們都會痛下決心向他們學習；每當我們讀到一些講述人們獲得巨大成功的故事時，心中總

有一個聲音對自己說：「我也能做到，至少我能做得比現在好。」但更多時候，當熱情退卻之後，我們又恢復到原來意志不夠堅定的狀態中，當我們所在的環境無法激勵我們展現出最好的狀態時，尤為如此。

對於許多行業而言，成功的祕密在於有一個好的開始。你要朝著正確的方向發展，一直朝向自己渴望已久的目標前進，要有勇氣跨出第一步，要有勇氣背水一戰。

大多數人的問題是，他們並沒有認真對待自己的事業，那麼，他們自然就不會有什麼巨大的成功。在競爭激烈的今天，一個人想要勝出，想要做些與眾不同的事，想要超越常人，就必須全力以赴。你必須肯冒險，能夠抓住機遇，肯付出代價，願意為自己的事業付出一切，不論從事的事情多麼平凡，你都必須將它視為自己的事業。你必須成為自己事業的藝術大師，而非只是一個工匠，工匠只能糊口，大師則意味著名譽和財富。

可是，我的朋友，你必須確保你心目中的理想不是自私的、巧取豪奪的、貪婪的。如果你對賺錢有無盡的熱情，那麼，你恐怕就要思考一下，背後支持這種熱情的動機究竟是什麼。你或許會驚訝地發現，一直以來被你稱作理想的目標竟然有很大的部分是自私。當你的計畫和「人類應生活得更幸福」的理念相衝突時，你就會發現，你已經走上了歧路。

　　那些想盡一切辦法獲得財富的人們漸漸發現，他們理想最初的動機正在發生本質的改變，許多在事業上成功的人，早已變了，不再牢記初衷。當初的想法是多麼崇高，目的是多麼單純，曾經決意成功之後，要幫助貧窮的人們。但是，金錢的力量已經麻醉了他們，令當初的理想發生了根本的改變。

　　許多人似乎都認為，所謂的志向、欲望、進取心純屬個人選擇，不一定每個人都要有一個遠大的理想。他們認為，這純粹只是一個認為自己付出的代價、努力值得與否的問題。有的人希望生活得輕鬆一些，寧願少工作一些，而有的人則願意去賺取舒適的生活。理想這件事情和別人無關，人們似乎認為，催促他們前進的志向是由個人性格所決定的。但是，這種發自內在讓你有所建樹的動力，正是一個適應於每個人的原則。如果你能用正當的方式完善自己內在的力量，它必然會推動整個世界前進，這對於全人類來說未嘗不是一件好事，但如果你反過來將它運用在自私自利的野心上，那對於世界而言，恐怕就是一件不幸的事了。

　　你所做的每一件事、所採取的每一個行動、經手的每一筆交易，都為你的下一步打下了基礎，否則，你很難有任何真正的進步。你的座右銘應當是：永不止步。一個人只有領悟了，才會有為之奮鬥的理想，所以，思想上的醒悟更為重

要。喚起你正直誠實的氣概，發揮你的真實價值，這才是
真正意義上的覺醒。如果你真的覺醒了，你的事業會蒸蒸日
上。但僅僅有出人頭地志向的人，未必是真正覺悟的人。

第 19 章
自立與自助

186 I 第 19 章　自立與自助

　　一個農場主人的兒子準備離開家，去城市裡闖蕩。臨行前，父親囑咐他說：「約翰，你隨時都可以回家來。」

　　其實，父親只不過是想要幫助兒子取得成功，但是，這種隨時歡迎他回來的建議卻很容易讓兒子放棄追求、失去勇氣。當尤利烏斯‧凱撒（Julius Caesar）登上英格蘭海岸時，他燒毀了所有運輸士兵的船隻。因為他深知，如果他切斷了所有撤退的希望，士兵就會竭力而戰，因為他們是在為自己的生命而戰。如果一個年輕人打算出去闖蕩，尋找自己的財富，他就應該斷了一切後路。當事情變得艱難，當一個人看不到前進的道路時，如果此刻還有退路的話，後退的欲望幾乎是無可阻擋的。當一個孩子第一次離開家，獨自去求學時，如果他知道想家的時候父母允許他回家，而且歡迎他回家，在家裡想住多久都可以，那麼，這無疑害了他。

　　半數失敗者失敗的主要原因，就是他們沒有堅持到底，因為他們並沒有切斷自己的退路，心中還想著後退的可能性。當事情不順利，前途一片黑暗時，他們很容易就會走回頭路。這是人類的天性使然。

　　生活中最糟糕的決定，便是遇到挫折之時選擇放棄，這樣的決定會讓本應屬於自己的成功功虧一簣，讓一個原本可以成為業界佼佼者的人變成泛泛之輩。只有咬緊牙關，不論艱難還是容易，不論能否看得見前方的目標，都下決心前進

的人才是最終勝利的人。

學會依靠自己，學會尋找自己內在的力量，而不是外部的力量，便找到了成功和幸福的祕密。如果不能自立，我們便會任人宰割，或者任由機會、環境，以及其他打算利用我們的人來操控我們的命運。自立的人總能將命運牢牢掌握在自己手中，扭轉一切不利因素，因為他們是命運的主人。

生活中所有取得真正成功和歷史上取得巨大成就的人，都是自立自強的人，只有自立才能成就真正的品德。

嬌慣與放縱永遠無法培養出良好的個人特質，而優秀的品格則是在朝著偉大目標前進的過程中，點點滴滴累積起來的。

培養一個人的自立應當從小做起，許多母親卻反其道而行。她們溺愛孩子，每件事情都包辦，生怕他們受一丁點傷害，這樣做往往扼殺了孩子的獨立性。當孩子摔倒時，她們總是匆忙跑到孩子面前安撫他們，直到停止哭泣為止，這樣做會養成孩子自我憐憫的傾向。她們不但沒有將微小的傷痛輕描淡寫，從而培養孩子勇敢的性格，反而誇大了傷痛，到最後，孩子漸漸養成了自我憐憫的習慣，遇到一點小困難就會向他人訴苦或求助。

事實證明，慈母多敗兒，過度寵愛孩子的家長反而成為孩子成長最大的敵人。我認識這麼一位母親，她的女兒若是從小教育得當，可能會有美好的性格，可是她卻寵壞了自己

的女兒，讓她變得任性而嬌縱。女兒小時候，如果不願意做自己應該做的事情，就會跑到媽媽那裡尋求逃避，而且每次都能成功。上學時，什麼時候想回家就回家，因為她知道，媽媽會為她找各種藉口。事實上，她的母親溺愛她，是她變得嬌生慣養。結果便是，她沒有形成任何屬於自己的個性，也沒有任何生活能力。這樣的孩子，就算專門請家教連續惡補幾個月，仍然很難通過大學入學考試。後來勉強上了大學，她的成績也遠遠落後同學，每次考試都不及格。正因為她有這樣一個母親，不但沒有培養她自立的能力，反而盡一切努力替她解除困難，最終導致她成為生活中的失敗者。

孩子一生中遭遇的最大不幸，就是被剝奪了發展自立能力的機會。一個從小被寵壞的孩子，從小到大都沒有機會為自己或別人做任何事，這樣的孩子永遠也不會長成一個強大、有生命力、自立能力強的人。

我常常與那些想要有所作為的年輕人談論未來，他們都很有志向，希望自己能有一定的成就，但是，他們卻覺得沒有人幫助他們，讓他們有學習的機會，他們沒有影響力，也沒有任何人能夠拉他們一把，讓他們得到一個好的職位，或在生活中給他們一個較好的起跑點。

讓年輕人感到心灰意冷的想法之一是，他們認為自己的成功取決於其他人。但是如果你體驗過成功的話，你就會明

白，讓你獲得成功的主要動力，恰恰蘊藏在你的身體內部，而不是借助他人的影響力或提攜，也不在於什麼非比尋常的機遇。歷史上許多實例早已證明，成功並不一定屬於那些有超凡優勢的、富有的、教育程度高的人。一般而言，那些傑出的人不論男性還是女性，往往都是出身貧寒的年輕人。他們是偉大的探險者和發明家、商人、工程師、專業人員、藝術家和音樂家。事實上，世界上成就最高的人幾乎全都是白手起家的人。

我們總能聽到周圍的年輕人抱怨環境阻撓了他們的發展，他們無力改變周圍的環境。但是心有怨氣的朋友們，讓我來告訴你，或許你們連自己一半的力量都還未發揮呢！如果你忠於自己，那麼你就必須承認，在你的周遭，總有人能夠出色地戰勝你所無法戰勝的困難，總有人能成功地在你所謂的不利環境中勝出。

許多學生憑藉著自信和堅定的意志成功考上了大學，若非不懈的努力，他們或許永遠也無緣進入知識的殿堂。他們中有許多人家境清寒，儘管面臨著種種障礙，但他們堅信，總有一天一定能進入大學，而他們做到了。當有人嘲笑他們，或者告訴他們這一切根本不可能時，他們並不介意，他們決意要達成自己的目標。

一直以來，我發現那些等待情況好轉、等待幫助、等待

提攜、等待依靠他人影響力、等待資金的年輕人，其實都是性格軟弱的人。

不要用愚蠢的藉口來當自己的擋箭牌，例如缺少機會、沒有貴人、沒有人脈，也沒有任何人在資金方面幫助你或為你指出一條明路。你要依靠自己並自助，因為能將你「拉」到頂峰的力量就在你內心深處。

我認識許許多多年輕人，有男有女，他們都很獨立。他們身上充滿熱情，努力朝著生活目標前進，決心實現理想，所以想讓他們放棄自己的目標和信念，簡直難如登天。

只有一件事情能夠阻礙你進步，那就是缺乏自信或懶惰。對於一個野心勃勃的人來說，機會無處不在。

如果身為奴隸的貧苦男孩弗雷德·道格拉斯能夠從一張張碎紙片、從貼在農場圍欄上的海報中學到 26 個字母和簡單的單字；如果他能夠突破身心的枷鎖，最後成功地成為美國駐海地外交官，成為自己種族的領導者；如果這個男孩在身為奴隸的那些日子裡，在禁止人們教奴隸讀書認字的環境下，在沒有任何人提攜的情況下依然能夠獲得成功，那麼，你當然也可以設法實現你的目標。

不要總認為他人的影響力、提攜，以及運氣和機會在你的事業中扮演相當重要的角色，這只是一種錯覺。越早甩開這種想法，你的能力就會越早獲得提升。如果你不幫助自

己，永遠都將原地踏步。生活中，不論你想獲得什麼樣的成功，成功都不會主動找到你，必須要你自己去探索。你要帶著全部的精力和熱情去尋找它。如果你是一個有志氣的人，如果你真的下定決心要成功，你就能開闢出一條通向目標的道路。沒有人能夠阻止你，因為成功的路上沒有走投無路的人。一個意志堅強、充滿鬥志、信念堅定的人根本就不知失敗為何物。只有弱者才會在失敗後埋怨環境，失敗者總是被各種藉口包圍，失敗者的道路總是被無數不可征服的困難所阻礙。

年輕人通常抱持的另一種錯誤想法是：為事業做準備是將來的事，當下所做的事情只不過是在打發時間，遲早會有更大的機會來到自己身邊。他們並沒有意識到，自己正在做每個年輕人起步時都應該做的事，一個人年輕時所做出的重大決定往往會影響終身，大多數的年輕人或許在二十一歲前就已經為自己未來的職涯做好了規劃。就這一點而言，可以說是真正意義上的「自古英雄出少年」，因為每個人的一生幾乎都是在履行剛踏入職場時為自己制訂的計畫。

這也正是從小訓練孩子學會自立、學會獨立思考、有自己的觀點、相信自己的判斷、自己做決定的意義所在，因為一個人年輕時候所做出的每一個決定對未來都具有深遠的影響。

　　我曾經讀過一個著名運動員的故事，他在很小的時候，就開始訓練舉起一頭小牛。他每天都堅持努力訓練，一直持續到這頭小牛長成強壯的公牛。牛的體重與日俱增，這名運動員的肌肉和力量也逐漸增加。同樣的道理，一個白手起家的商人最初也是身無分文，做著一些微不足道的事，他或許打掃過倉庫，或許當店員，做過各種雜事，後來才逐漸有了自己的事業。然後，他每一天都會讓自己的生意有一點進步，像滾雪球一樣越來越大。這就好比那個每天舉起小牛，到最後終於有能力扛起一頭健壯公牛的運動員。

　　換句話說，成功的祕密就蘊藏在一個自立、不依賴他人的年輕人每天的日常工作中；蘊藏在他具有獨創精神的經商方式當中；蘊藏在沒有任何人際關係的幫助下獨自闖蕩出來的道路中，一些偉大的企業家都是很好的典範。

　　許多企業家後代沒能像父輩那樣將企業經營得有聲有色，缺乏訓練是最主要的原因。他們從小沒有經過舉起小牛的訓練，突然之間讓他們扛起一頭壯牛是根本不可能的。而他們的父親卻是那個從小練習舉重的人。

　　愛默生常說：如果你不付出努力，大自然絕不會將任何東西平白無故地送給你。也就是說，大自然是不會讓你不勞而獲的。我們所生產創造的一切，均來源於內在的價值，來源於我們的生活。如果父母或其他人代替我們的本分，對我

們百害而無一利。這種幫助雖然出於好意，卻適得其反。幫助、扶持只不過打擊了我們發展獨創性、自立與自助精神的潛力，不論其初衷多麼美好。

那些完全依靠自己的力量，一手締造了自己財富王國的人們，將巨額財產傳給不勞而獲的下一代，但他們這樣做反而害了孩子，能夠意識到這一點的，寥寥無幾。苦心建立、經營自己企業的過程造就了頑強、才思敏捷、自強不息的性格，但是如果讓孩子直接擁有這一切，只能導致他一事無成。擁有這一切永遠無法培養他的自立，也不能培養他的創新、耐力、勇氣和毅力，無論從哪方面來看，不但無益於他，反而害了他。孩子本身可能極為聰明，如果沒有父親的財富，或許早已呼喚出了天生的內在自我，成為一個了不起的人。因為財富除了能讓人喪失鬥志，還會帶來上千種誘惑，只有意志堅定、心態平和的人才抵擋得了這些誘惑。

要發掘一個人最大的可能性，要激發一個人無窮的才思、創意和傑出的能力，只有一種方式，那便是為了擁有一個屬於自己的天地而不斷奮鬥。除了這個途徑，再沒有第二種方式可以成就一個真正成功的人。

我們能夠給予孩子最寶貴的一筆財富，便是從小訓練他們，培養他們各種實行力，讓他們成為思維靈活、自立自強的人。自身素養是一筆無形的財富，擁有它的人比克羅薩斯

國王更富裕（克羅薩斯是西元前6世紀小亞細亞利底亞國極富有的國王）。剝奪孩子們受到磨鍊的機會將導致他們成為生活中的弱者、命運面前的乞丐，最後只能隨波逐流，將一切希望留給偶然的機會。再多的金錢也無法彌補因缺乏自身素養所遭受的損失。任何人都可能遭遇失敗，但良好的教育和獨立精神是最有力的保障。在生命這場漫長的賽跑中，年輕人只有了解到能否到達終點只取決於自己，只能依靠自己，才能贏在起跑點。不要等著有人來扶你一把，或推著你前進，如果你不想一事無成，請趕快放棄這種想法。

如果所有的年輕人從小就被教導做命運的主宰者；如果我們的學校教育更注重這方面的培育，讓孩子們知道，他們獲得成功的資本不在其他地方，就在自己身上，那麼，我們就不會再看到每年畢業典禮過後，無數畢業生拿著文憑，被動等待機會，期待有伯樂給他們一個好機會。

「據我所見，只有脫離外在幫助、獨自承擔一切的人，才是強大的、受歡迎的人。」愛默生這句關於自立的名言一語中的，道出了獲得成就的關鍵所在。要學會尋求來自內心的支持，遇到困難時，向內在那個強大的自我尋求幫助，如此一來，你才永遠不會感到失望，永遠不會被失敗擊倒。我親愛的朋友，在你看來阻礙前進的障礙，或許恰恰能幫助你獲得成功。如果你有信心和勇氣跨越它，並且利用它，你會發

現，它其實是一筆財富，而不是障礙。

　　對於一個依靠自己的力量、依靠內心強大精神支柱的人而言，沒有跨越不了的障礙。壓力、貧窮、身體缺陷，以及各種限制只能讓一顆決定克服困難的心更加堅定。

　　愛默生告訴我們：「相信自己，你會吹響命的號角。」只有自立自強的人才是最後的勝利者。

第 20 章
意志的力量

堅強、意志堅定的年輕人讓人為之側目。

成功人士最了不起的地方，就是他們能夠擊敗挫折、跨越障礙、克服困難和壓力，而弱者卻只能被這一切擊倒。

將「擊敗挫折」這句話銘記於心吧！世界上最強大的勝利者，字典裡根本就沒有「挫折」二字，因為他們克服了別人無法克服的困難。如果你無法跨越試圖阻撓你的重重障礙，如果你無法戰勝橫亙在你眼前的種種困難，你將永遠做不成大事。

我和一位朋友談起他的生意，戰爭幾乎將他的經營毀於一旦，令他損失慘重，但是，他對待逆境的態度卻令我肅然起敬。他說，除了「挫敗」之外，他幾乎失去了一切，但他的決心和意志力絕不允許任何突如其來的事件或災難將自己的生活變成敗筆，擁有這種精神的人永遠不會被困難打倒。

如果一個人留給他人的印象是意志力堅強，不知失敗為何物，那麼，這一點必將成為他取得成功的重要因素。據盟軍的將領們說，「失敗」二字對於格蘭特將軍而言，沒有任何意義，因為他從來不去想自己何時會被擊敗。

雨果說過：「人們並不缺乏力量，而是缺乏意志力。」

許多人不夠堅定，是因為他們不願發揮意志力。意志力是一種逐漸培養和累積的力量，是一種受主觀影響的力量。只靠外界的培養和訓練是無法成就的。意志力就像人類的其

他感官功能一樣，是能夠得到培養和開發的，他就像一個人的音樂才能或其他才能，在尚未接受系統化地、科學的訓練之前，永遠處於休眠狀態。

想讓意志力發揮最大的作用，就必須讓它一直處於強勢狀態中，而且這種努力不應間斷。培養意志力應該是長遠的，而不是斷斷續續，更不能是被動的。

全心全意地相信，你能完成也願意去完成自己的使命，相信你一定能做自己最喜歡的事情。這種信念具有一種巨大的力量。你要有一種自己是為這個特別目的而生的意識，這種意識會帶給你強大的信心，會用一種堅定不移的力量去鼓勵你。另外，如果你沉浸在失望當中，總想著自己會失敗，不可能勝出，生活將會一團糟，那麼，你所想像的一切就會成為現實。常常想到自己的卑微渺小，永遠達不到任何成就，你就會為自己的生活設定一個模式。我們往往會朝著自己設定好的模式一直走下去，去實現計劃好的人生和未來。

一個在精神上永遠打不倒的人，一個不論遭遇多少次失敗、環境多麼險惡，都一心向前的人，是永遠懷有希望的人。

一切成功的道理都蘊涵在堅定持久的意志力以及對自身能力的肯定當中。它意味著我們要堅定不移地朝著自己的目標前進，雖然有各種享樂誘惑著我們，有各種失敗和災難威

脅著我們，但我們既不能偏左，也不能偏右。任何事物都不能阻擋堅定的決心和不達目的不罷休的精神。

不論你從事什麼工作，不論前方有什麼障礙正等著你，堅強的意志和獲得成功的決心都會帶領你往上爬。但是，如果你的意志力不夠強，決心不夠堅定，如果你一遇到困難和挫折就失去了勇氣，那你就會被激流沖向大海。

你渴望讓生命有價值，立志獲得成功，那為什麼不去實踐呢？為何還在等待呢？是什麼讓你無法前進？你要回答這幾個問題，並找到原因。原因只有一個 —— 你自己。除了你自己，什麼都無法阻撓你。機會無處不在。

我認識許多青年男女，他們充滿熱情，一心一意朝著自己的目標邁進，很難有人能阻擋他們。許多從戰場上退下來的士兵，他們不顧身體上的殘疾，勇敢面對生活中的困難，他們表現出的勇氣就如同在戰場上一樣強大。那麼，身體健全的你，有什麼理由做不到呢？

不要用愚蠢的藉口作為自己的擋箭牌，如果你是個真正有想法、有能力的人，那麼，就算你找不到機會也能為自己製造機會。如果你想要成功，誰都無法阻擋。拍賣會上的價格總是不停往上飆，最後得到的，總是出價最高的人，同樣的道理，你要讓自己忙碌起來，盡最大努力去工作，你就會得到你想要的。有志者事竟成，一個志向遠大、意志堅定

的人是不會抱怨的。只有弱者才會抱怨環境，才會為自己的失敗找藉口，才會認為自己的道路上充滿「無法跨越的障礙」。但是對於一個驍勇善戰的人來說，任何障礙都是可以跨越的。

你會發現，凡是能為這個世界做出貢獻的人都是充滿熱情的人，他們能讓大家感覺到心中的那份渴望，這種人的個性中有強烈、積極主動的一面，他們的個性特徵是帶著極大的熱情去實現自己的理想。

做事認真的人總能留給人們一個好印象，每個人都會不由自主地尊敬認真負責的人。

做事一絲不苟的人，他們的生命具有神奇的魔力，有一種難以解釋的力量。我認識一個男孩，他決心要自己做出一番事業，於是，他像富蘭克林那樣，用自己生命中的全部力量認真工作。這種決心和意志一定會讓他成功，成為一個赫赫有名的人，也會讓他為這個世界做出一定的貢獻，他的熱忱會令那些冷漠懶散的人感到羞愧。他經常帶著一本書，擔心浪費片刻的空閒時間。白天他熱情認真地工作，晚上去學校上課，或在家自學。他的這些行為鼓舞和激勵著周圍的每一個人。

每當我看到那些認真嚴謹、努力發揮自己最大能力、利用一切時間和機會、在各方面盡可能提升自己、將每件事情

都做到最好的年輕人，我就知道，成功一定就在前方等著他們，因為認真嚴謹的人身上少有導致失敗的特質。從品格的角度來看，嚴謹認真是通往勝利必不可少的條件。

如果你認真且誠實，那麼，你不需要資金也可以成就大事。你的認真精神具有一種感染力，它將為你樹立良好信譽，為你吸引客戶。如果你做事認真、一絲不苟，你將會避開許多陷阱和有害的朋友，而許多生活中沒有目標的年輕人恰恰在這些方面栽了跟斗。

對於一個年輕人而言，得到認真工作的讚賞相當於獲得了成功的資本。我們都知道，生活沒有目標、沒有動機的人絕不會是一個認真的人，不論是希望擁有一個家，或是在這個世界上有一席之地，人總是要有一個動機，而且通常是有價值的動機。

「尋找」、「奮鬥」、「發現」、「永不放棄」，這幾個簡單的詞就刻在史考特船長（Robert Falcon Scott）和他勇敢的探險隊員們墓前的十字碑上，他們已長眠於南極。沒有任何困難和障礙能夠讓這位勇敢的探險者放棄遠大的目標，他深知，自己和隊員們都在冒著生命危險，但這又有什麼關係呢？在他尚未實現自己所追求的目標前，絕不輕易放棄。這種大無畏的精神對於那些缺乏勇氣、毅力和決心的人來說，是多麼打動人心的激勵啊！一個是難以下定決心去做某件事情，另一

個是帶著十二萬分的決心和意志去執行，從不考慮失敗，這兩者有著天壤之別，後者便是人們常說的勝利精神。許多人正是因為缺乏這種精神才導致失敗，他們搖擺不定，或者說他們的決心只是一種欲望，而不是嚴肅認真的決定，只是不想付出任何代價就希望勝利的美好願望而已。

真正能帶給人成功的決定既不是突發奇想的，也不是偶一為之的，它是安靜而持久的，它是由不變的信心與足夠的能力所組成的。

如果你希望成為社會中的成功者，那麼，只具備寬容忍耐的特質，僅有「我會努力」和「我希望獲勝」的想法是遠遠不夠的。

不久前，一位年輕人在寫給我的一封信中說，他似乎缺乏創業的能力和勇氣。他想知道「怎樣才能有所作為」。我可以告訴這位年輕人及其他所有懷有類似疑問的人：要想取得成就，辦法只有一個。世界上有許多出身寒微的年輕人，正是憑藉著這種方法成就了自己的事業，成為舉足輕重的人物。這個方法就是咬緊牙關告訴自己：「我有能力做自己想做的事，我能成為我想成為的人！」然後付諸行動，朝著理想的方向勇往直前。這便是湯瑪斯·A·愛迪生、約翰·沃納梅克（John Wanamaker）、詹姆斯·J·希爾（James J. Hill）、馬歇爾·菲爾德（Marshall Field），以及千千萬萬創造了奇蹟的

偉人所遵循的方法。

我一直以來都十分相信，堅定的信念是一種強大的力量；堅持去做自己決定了的事情就會有無限的可能性；改進自己的弱點有助於塑造個性，會讓生命更加崇高。

我們必須牢記一個事實，那就是我們所說的每一句話、我們所表達的每一種思想，都具有善或惡的力量。堅持相信自己擁有獲得成就的能力；下決心在生活中贏得勝利；認為自己有能力做好全心投入的事情，這種信心最能夠令軟弱的意志變得堅強，令搖擺不定的決心堅如磐石。

如果你熱血沸騰；如果你是一個有志氣的人；如果你的心中渴望實現偉大而崇高的理想，那麼你一定會成功。

意志堅定、不怕失敗和困難的人，總能開疆拓土。

那麼，為什麼有這麼多人失敗了呢？原因之一就是他們在事業上連一半的力量都沒有投入。他們不敢下定決心毫無保留地投入到一個堅定不移的目標中。他們總希望給自己留一條後路，如此一來，萬一前方的道路沉悶艱難，或事情進展到令他無法忍受的地步，便可以有一個放棄的藉口。

除非你意志堅定、勇往直前、永不言敗，否則，無論在哪個領域，你都無法獲得傲人的成果，最終也只能停留在平凡人的行列中。

當年，莫比爾灣戰役中的法拉格特（David Glasgow Farragut）為了表示自己與艦隊生死與共的決心，在通過布滿魚雷的海域時，竟然將自己捆綁在桅杆的之上，並因此被載入史冊。

我們只能用一種方式來面對未來，那便是將自己定位在一個堅定高遠、不容更改的目標之上。否則，在我們意志最為薄弱的時刻，很可能因為戰勝不了誘惑，而偏離自己的軌道，或者走上回頭路。

在這個世界上，前途最為美好的，莫過於那些時刻不忘生活目標、下決心一定要成功的年輕人，任何事情都無法打擊他們的勇氣，無法阻擋他們前進，或引誘他們後退。這樣的年輕人在疾病、失望、失敗、親人的批評和責罵面前，均不為所動，因為他偉大的生活目標早已經成為自身的一部分，所以，除了死亡，任何事情都無法讓他放棄。

你是否發現到，能夠擊敗你的事物其實就在你內心深處，只是你不知道如何控制它。任何外界影響都無法破壞你最堅實的成功，這種堅實其實來自於你的個性、氣概與人格。外界的雜音可能會影響你，但是，與你生命中要去完成的大事相比，這些干擾微不足道。歷史上的許多偉大人物，有的一貧如洗地離開人世，有人被捆綁在刑罰柱上焚燒而亡，也有的死於饑餓。他們的肉體雖然消逝了，精神和品格卻永存，因此，任何事物都無法戰勝精神的力量。任何外力

都無法阻擋你朝向更大、更遠的成功邁進，因為偉大的成功是獨立於舒適、充裕的物質生活而存在的，任何物質上的貧乏，都無法影響一個人設立遠大目標並取得成功。

所以，不要被表面上的失敗所矇騙，真正的失敗只有一種可能，那就是自己承認自己失敗，這才是最可怕的阻礙，最大的敵人就是對自己缺乏信心。除非你自願放棄，否則，無論前景多麼黑暗，無論困難多麼巨大，任何事物都無法將你擊垮。如果你想最終獲勝，就要不斷嘗試，不斷前進，永不放棄！

拿破崙曾說過：「勇士精神就是永不投降，寧死不屈。」所以，唯一能夠打敗你的只有自我放棄。各行各業都可能存在困難和艱辛，但是，一顆堅強、堅定的心如果從未膽怯，前進的步伐就不會停止。遭遇困難，前方看不到希望的時刻，也正是一個人性格中膽小懦弱的一面最容易顯現出來的時刻。但真正的勝利者是絕不允許自己軟弱的，不論是內心還是外表的軟弱。堅強的人不論走到哪裡，表情和舉止中都透露著氣勢，令人感受到他們堅不可摧的意志。

你常常大聲抱怨：「要是情況能改變就好了！」你所說的改變又是什麼呢？整天抱怨，事情就會改變了嗎？只是坐在地基上想像，房子什麼時候才能建造起來呢？如果沒有堅定的決心和不懈的努力做後盾，希望就沒有任何意義。

　　意志力正是這樣一種精神力量，它能夠讓我們在一片荊棘中開闢一條前進的道路，正是這種力量成就了林肯、卡內基等偉人。

　　將你堅定的意志力和一切優勢結合；將你的意志力用在廣泛學習上，改善自己薄弱的心志，這便是無數人成功的最大祕訣。只有在困難面前，人的能力和最大的潛力才能充分顯現出來。

　　數年前，一位意志堅定、多年來堅持不懈的英國貴族終於實現了自己的願望，進入了議會，成了一位大權在握的政要人士。無數名垂青史的人，都將自己堅持不懈的意志力發揮在政壇和教育界，他們不斷充實自己，提升自己的影響力。正是這種精神，他們才能夠克服各式各樣的壓力，一步一步向前走。

　　許多原本平凡的人，下定決心提升自己的修養，使舉止更優雅、個性更具魅力，他們最終得到了人們的認可、尊重和敬意！又有誰統計過有多少身體殘疾的人，努力發揮自己的優點，最終取得了成功，創造屬於自己的一片天空。

　　有的人被嘲笑，認為自己無法做到別人能做到的事情，這些批評刺激了許多年輕人勝出的決心，最終他們的生活比任何一個嘲笑過他們的人都更成功。

　　如果你想讓世界給你機會，你就要用志向遠大的一面去

面對這個世界，世界會尊重那些帶有必勝氣勢的人。

用堅定的決心將事情做得更好，使生活更有意義，這是對你最有幫助的。因為這將增強別人對你的信心，他們會相信，不論有什麼障礙阻擋你前進，你都會獲勝。想要正確評價一個人，首先要評估他的意志力和決心。

斯圖爾特有一次告訴一位對他的事業讚嘆不已的人：「如果你知道我曾失敗過多少次，知道我失敗的頻率有多高，你對我的看法可能就會不同了。」

但是，當斯圖爾特遭遇挫折時，他不會消沉太久，他會像一個皮球一樣，很快地回彈起來。我們都知道，皮球摔得越重，彈得也就越高。關鍵不在於你是否摔倒了，而在於摔倒之後你選擇放棄，還是選擇用更大的決心和努力去取得勝利。對於一個生來就具備成功素養的人來說，挫折和失敗根本算不了什麼，任何力量都無法改變如聖保羅、盧梭、林肯、格拉德斯通這些偉人的堅定決心。想想當年拿破崙面對的壓力吧！各種因素都在迫使他改變計畫，但他堅定的意志讓他永不低頭。

不輕言放棄、意志力堅定，這是成功者必備的特質之一。通常具有這種優秀品格的人往往還有其他一些優秀的特質，而且和他交往的也都是優秀的人。

常常有人對我說這樣的話：「要是我能在資金方面得到幫

助，我一定能做出一番了不起的事業來。」

　　親愛的朋友，如果你真是可塑之才，那麼即使沒有資本，你也一定能夠成功，因為你身上具有的特質比任何有形資本都要寶貴。如果你天生註定是一個勝利者，那麼，任何力量都無法阻擋你前進。

　　取得成功的人大多數都是從零開始的人，沒有人幫助他們，沒有人提拔他們，他們沒有資本，靠自己的努力站穩了腳跟。

　　不管是對於年輕人還是青壯年而言，現今社會能夠給我們的機會，比過去任何時候都多，所以，如果你有決心，你就能獲得成功。除了你自己，任何人都無法阻擋你前進。能夠阻礙你成功，讓你體會到失敗的只有一個因素，那就是缺乏堅定信念和自信心，不願意為自己想要的東西去努力、去付出代價。如果你踏踏實實努力工作，讓自己忙碌而充實，而不是偷懶去尋求捷徑，如果你願意和其他所有成功的人付出同樣多的汗水，那麼，你一定會達成目標。如果你不希望自己的努力白費，就不要去做那些超出自己能力範圍的事情，而是要去做那些你認為自己一定能達成的事。根據我的觀察，那些四處去尋找資金的人，本身並不具備十分優秀的個人特質，人格魅力並不十分突出。他們的個性中缺乏堅定的意志，總是想依靠外界的幫助，想利用其他人的影響力來

加速成功。

　　不付出努力，只等著好運降臨到自己頭上是徒勞的，因為這種好事永遠不會發生。想得到你想要的東西，必須主動出擊，並且不斷為之付出全部努力。

　　美國奧克拉荷馬州的議員戈爾是一位失明多年的盲人。他說，人類能夠克服一切困難。那麼，還有什麼是人類意志所無法征服的呢？在這生機盎然的星球上，植物的蓬勃、各種動物的成長不僅是科學研究的結果，而且是生物和自然關係的最好佐證。

　　在我們周圍，總有一些人坐等更好的機會，或者等待著理想的生活降臨到他們身邊，這些人中既有年輕人，也有年長一些的人。但是，親愛的朋友，你要知道，最偉大的事情都是在最不利或最平凡的情形之下完成的。每個人的日常生活都是平凡、單調的，在這種平淡的現實中，並不存在所謂理想的狀況。

　　那些等著大好機會自動來到身邊，等待有人提攜、幫助，等著利用他人的影響力的年輕人，去讀一讀像亞伯拉罕・林肯這類人的自傳吧！他們的機會何其渺茫，如果是你，又會如何面對這樣的處境呢？為什麼林肯可以撼動整個國家，而你，卻浪費了一天又一天，你浪費了的每一天在年輕的林肯看來，是何等珍貴的機會啊！所以，你需要的是一

種奮發向上的精神，是一種能讓你在突然之間覺悟的啟示。

如果一個人帶著一顆既不十分認真也不堅定的心面對工作，如果他想在輕輕鬆鬆、不付出堅持和努力、只發揮一半才能的情況下，就獲得理想的生活，那麼，他將一事無成，得不到任何有價值的結果。如果你抱持這樣的想法，就算不至於失敗，也註定只能到達平庸的行列。

教育的最終目標就是要訓練人的各種潛能，並充分利用它們達到你想要的目標。如果你無法依靠自己的力量去完成某個任務，那麼，根本也不需要浪費時間嘗試了，因為你已經承認了自己的軟弱、無能，承認了你不願意付出努力，也不願付出代價，你願意過更平庸的生活，那樣你會覺得容易一些。

能夠完成艱巨任務、解決棘手難題的人，都是信念堅定、意志堅決的人；最終獲勝的，都是那些別人遭遇挫折後退卻下來，而他卻迎向困難的人。

如果你下決心想要獲得成功，你就必須帶著不知失敗為何物的精神，將自己全部的生命都投入到目標當中去，這樣才會有成功的可能。但是，沒有不可壓制的欲望、唯一而集中的目標以及永不言敗的熱忱做後盾，你不可能走得太遠。

究竟是什麼樣的力量督促你去實現自我，去獲得屬於自己的成功呢？這種力量到底有多強大呢？我們不妨試想一

下，一位母親要去救自己溺水或被困在大火中的孩子時，
那種力量有多大！就算這位母親體弱多病，但只要有一線希
望，她絕不會放棄。所以，一切均取決於你多麼想達成這個
目標，你下了多大的決心去得到它，你願意為它付出多麼大
的犧牲，你是否願意放棄你的躺椅、你的歡樂和你的各種
娛樂。

第 21 章
如何吸引財富

　　丹尼爾‧韋伯斯特（Daniel Webster）曾經說過：「我們的周圍總是充滿了各種奇蹟，但其中有一件事情毫無疑問是最大的奇蹟，那便是我們永遠都被一種無限永恆的力量支配著，這種力量同時也推動一切事物不斷向前發展。」

　　當你將自己的思想傳播出去的時候，它並沒有如我們預期的那樣，進入了一個「廣大的空間」，相反地，它進入了「一個推動事物不斷向前發展的無限、永恆的能量中心」，同時，你的思想還會根據它們的性質在你的生活中物化，並以具體的形式表現出來。這種永恆的力量或創造性的智慧與宇宙法則和諧共存的同時，它也會按照「種瓜得瓜，種豆得豆」的道理，將你所散播的思想回饋到你的生活中。我們的想法總能夠將一些東西吸引到身邊來，這些東西和我們的志向相吻合。如果我們不懂或者忽略了思想的重要性，那麼，最終的結果便是我們過著不如意或貧窮的生活。生活中有許多人無法發揮自己的才能，有許多人原本可以過著富足、安康、快樂的生活，然而，他們卻將不恰當的想法不斷送往「無限永恆的能量中心」中，導致生活窮困潦倒。

　　大多數人並不知道，思想影響著我們周遭的環境，它既能夠帶給我們財富也能讓我們貧窮，既能讓我們實現自己的理想，也能讓理想棄我們而去，因此，思想能夠在最大程度上決定一個人的狀況，它的力量非其他任何事物所能及。如

果我們每個人都知道自己內心深處藏著一股強大的力量；如果我們都明白如何利用思想去支撐自己的努力，那麼，我們每一個人都將會是快樂的、成功的。

有人說：「要勇於讓自己的思想如宇宙般廣闊，這樣會令自己更加自信；要勇於擁有更大的自信心，要勇於相信自己肩上的使命；要擁有更偉大的思想、更崇高的理念。」

但是，許多人卻害怕這麼做，他們不敢將自己想得太美好，他們不敢奢望那些讓自己舒適、愉快的東西，他們似乎認為自己生來就是貧窮的，註定要一輩子窮困。

追尋財富沒有錯，只要不過於貪婪。我們都應該過著富足的生活，而不是過著拮据、縮衣節食的日子。沒有人願意在貧窮中卑微地活著，一輩子又苦又累。每個人都有與生俱來的權利，有權擁有美好的生活，有權獲得必要的福利，有權將自己的工作做到最好，有權擺脫任何限制和窘迫的處境。

W·約翰·默里博士說：「我們希望擁有財富和潛能，但並非想要過富足而愚蠢的生活，相反地，我們希望財富能讓自己變得如同天使一般，為他人帶來福音和好處，然而並非人人都能意識到這一點。我們並不是要讓金錢成為萬能的東西，我們要讓金錢成為人類聖潔的助手，這才是我們需要金錢的真正原因。」

　　正確利用金錢並不是一種罪過，而是一件幸事。人如果
永遠處於缺乏和貧窮，將會限制一個人的生活，讓他的才智
無法得以發揮，使他的志向無法得以伸展，最後導致希望。

　　我們沒理由讓自己處在這種扼殺靈魂和健康的貧窮之
下。你可以透過自己的思想擺脫貧窮，但你的思想也可以讓
你陷入貧窮中無法脫身，一切均取決於你的意志。如果你一
直認為自己是個乞丐，那麼，除了乞丐之外，你就什麼都不
是；如果你認為自己很窮，那麼，你只能做一個窮人；如果
你認為自己很失敗，那麼，你就只能做一名失敗者。如此悲
觀失望的觀點只能消磨一個人的理想，讓他不思進取。所
以，如果你的思想中充滿了失敗的想法，你就不會全力以
赴，不論什麼事情，你都無法取得成功。

　　想要成功的人，想要實現夢想的人，必須抱持成功、富
足的想法，他的思想必須是有創造性、有建設性的，最重要
的是，他對自己所渴望的事物必須抱持樂觀的心態。相反
地，如果他的想法是消極的、具破壞性的、悲觀失望的，那
麼，不論他多麼努力地工作，都不會達到自己的目標。許多
人最終沒能實現自己的目標，是因為他們的心態和自己的努
力背道而馳。他們表面上在做著某件事，心裡卻打算著另一
件事，由於心態不對，所以，他們的努力都是徒勞，他們永
遠無法接近自己所追求的目標。

　　許多步入中年的朋友生活不如意，事業處於低谷，不被主管重用。他們覺得自己已經永遠失去了機會，不可能重新過得精彩，餘生他們唯一能做的就是繼續如此活著。假如他們知道自己還蘊藏著巨大的力量，那麼就能夠輕鬆地扭轉心態，以一個全新的開端改變自己的生活。

　　吸引力法則就如同地心引力定律和數學定理那樣準確無誤，它總是一再地依循你的想法而來，因為是你的思維設定了它的行進方向。不論你對待生活、對待工作、對待世界抱持著何種態度和想法，這些信念都會回饋到你的生活中。抱持著功成名就的信念就使你與成功的生活密不可分，而富足的生活永遠不可能屬於一個總想著貧困的人，這正是「吸引力法則」的具體表現。如果說一個人的思想、理念、所期待的事物都是和貧窮相關的，如果一個人總是想像自己的生活困苦不堪，那麼，他吸引到身邊來的事物除了貧窮，再無其他。

　　我們的生活是由我們的思想所打造的。一個人怎麼想，就會怎樣去做，所以，你的生活狀態、個性、環境都源自於你的想法，你永遠無法讓自己赫然出現在自我限定的範圍以外。許多人用懷疑和恐懼將自己限定在一個狹窄的領域之內，他們最終無法讓自己的內在力量得以發揮，就此扼殺了潛力。他們不相信能實現自我，總是在抱怨；總是擔心最壞的事情，做最壞的打算；總是在腦海裡想像自己貧困潦倒時

的模樣，想像自己眾叛親離時的場景，想像自己缺乏他人的關愛、沒有機會、沒有朋友、沒有理想的生活。他們並沒有意識到，是他們自我設限，將自己置於不利的境地。他們並不知道如何才能將自己想要的東西吸引到身邊來，他們也不知道，自我一直都在尋找著他們，他們想要的一切，不論是富足、朋友、愛、快樂、幸福，還是其他任何事物，最終都會來到他們身邊，除非他們予以抵制並將它們驅趕到遠離自己的地方。

思想悲觀消極往往伴隨著恐懼、焦慮、長期的抑鬱，所以它能帶來的另一個災難性後果是引發疾病。它能讓身體上的某些不適一直存在，因為人的心理和精神能夠影響一個人的身體狀況。精神上的壓抑會在身體中產生毒素，這種有毒物質導致疾病發生，醫療人員都明白這一點。

湯瑪斯‧A‧芬頓博士說：「如果一個人的思想中充斥著悲痛、憤怒、焦慮、恐懼，那麼他無疑處在一種病態的心理當中。這種心態為各種疾病的種子提供了土壤。然而，擺脫這些情緒，用愉快的心情善待自己就如同陽光、新鮮空氣和純淨的水一樣，對身體大有好處。不管何種疾病，醫生最怕的就是病人自己放棄了希望，因為這樣十分不利於治療。如果病人心態樂觀，相信自己一定能夠恢復，那麼，對他的康復必然會更有利。」

　因此，我們對於自己經濟情況的擔憂、恐懼與我們對自己健康狀況的質疑會產生完全相同的效果。那些淪落到貧窮境地的人，那些失去希望、認為自己永無翻身機會的人，他們其實都是被自己的思想所毒害的人，他們遭受的是精神疾病，這種精神疾病已經毀掉了無數人的生活，讓他們陷入痛苦難以自拔，這種精神疾病已經奪走了他們應有的、與生俱來的權利——幸福、健康、富足。它帶給人類的傷害程度不亞於任何一種身體疾病，所以只有心態改變了，才會有康復的希望。

　如果你現在正遭受著負面思考的困擾，那麼從現在起，你就可以進行自我治療。你可以背對貧窮，朝著財富所在的方向出發。你可以談論一些有關財富的話題，想一些和成功相關的事情，而不是一味地抱怨自己多麼貧窮。你要抬頭挺胸，讓每個人都知道，你期待美好的事物，你可以讓自己成為一塊磁鐵，將正面的東西吸引到自己身邊，你絕不能減弱自己的吸引力，導致正向的事物離你而去。

　如果你將一塊磁鐵靠近一堆垃圾，這時，磁鐵便會將垃圾中所有的鐵釘、各種形狀的鐵屑吸引過來。但除了這些，它什麼都不會吸引，不會吸引紙屑、火柴棒、破布條，以及其他一些物質。換句話說，它只能夠吸引那些和它磁場相近的東西。你在生活中能有多大的成就，取決於你的「思想磁

鐵」能吸引什麼樣的東西，取決於你對於自己渴望擁有的一切能釋放出多大的吸引力。

你要用追求富足的想法及獲得成功的志向、欲望和決心來建構自己的生活，這樣你才能成為吸引財富和成功的磁石。百萬富翁之所以能將金錢吸引到自己身邊來，就是因為他們已經讓自己具備了吸引金錢的強大吸力，這就好比那些經常想著音樂、生活中充滿音樂、酷愛音樂、隨時練習演奏的人一樣，最終會成為一塊巨大的音樂磁石，成為一名偉大的音樂家；這就好比一個將研究法律當成生活重心的人，全身心投入到法律研究中，最終將一切和法律相關的機會吸引到自己身邊來，成為一名偉大的律師。他們的思想使自身充滿吸引力。世人都感到 J‧皮爾旁特‧摩根（John Pierpont Morgan）晚年所取得的成就不可思議，人們似乎都認為他手中有一根能夠點石成金的魔法棒。然而，他也只不過是遵守吸引力法則而已。他的思想具有偉大的建設性，能夠將自己想要的東西吸引到身邊來，對金錢尤其如此。身為一名國際銀行家，他總是將自己巨大的精神力量集中在賺錢這件事，一直到自己的思想最終具有了令人驚嘆的吸引力，這種吸引力只吸引一種東西 —— 金錢。

貧窮、體弱、未能實現理想、不滿意、不快樂，所有的疾病都來源於我們忽略了一條精神法則的重要性。我們沒有

意識到思想在生活中所發揮的關鍵作用，我們不了解自己對工作和目標所持有的心態決定著最終的成就。如果你並沒有帶著希望去工作，在工作中看不到任何未來，只是為了賺取薪水；如果你的前方看不到光明，生活中除了貧困、困難之外，感受不到其他任何東西；如果你認為自己註定要過苦日子，那麼，你除了能得到你所想的東西以外，將一無所獲。如此一來，你不僅無法令自己富有吸引力，將自己渴望的東西吸引過來，還會削弱自己原本的吸引力，讓這些東西離你遠去。或許你正在為更好的生活而努力工作，但是，你的腦海中有某些與你所渴望的東西相衝突的想法，這些思想影響著你的心態，它將削弱你的吸引力。每一次當你想到貧窮，每一次當你出現懼怕貧窮的念頭，以及每一次感到擔憂和焦慮，都會將它的解藥 —— 繁華富足趕跑。如果我們一直抱持貧窮和失敗的想法，那麼，富裕和成功就無法靠近我們。

記住，只要你集中思考，並讓它充滿希冀、充滿期待，你就可以讓自己成為一塊磁石，只要你堅信自己能夠得到這一切，你就能夠將心中渴望的事物吸引過來。要在思想中一直保持這樣的信念：你被宇宙中富有創造性的力量所包圍，萬物都在這種無限的力量之中不斷發展，所以，你是一塊巨大的磁石，能夠將本應屬於自己的事物吸引到身邊來，因為你與這些事物之間存在一種親密關係，相互吸引，因為你的

思想、動機、志向、靈魂深處的渴望都和這些東西相匹配。不論你所處的環境多麼不如人意，也不論你的情況多麼糟糕，只要你緊緊擁抱這個理念，將它深深刻入你的腦海，將自己的精神力量視為一塊巨大的磁石，你就能從無邊無際的宇宙能量中將你為之努力的事物吸引過來，很快地，你就會驚訝地發現，成功已經初露端倪。

想讓自己具備吸引財富的能力，成為一塊財富磁石，最可靠的方法就是不斷加強自己的信念，感受到我們和財富、萬物的源頭具有同質性。當你的悲觀情緒油然而生時，當你感覺到自己的貧窮時，不妨抱持這種想法：「我不會是一個窮人。」對生活和未來的恐懼、懷疑、擔憂、焦慮將不會再打攪你的思緒。

總有那麼一天，窮困的人將學會運用思考改變自己的命運，擺脫貧苦，學會讓自己掙脫消沉的牢籠，不再步履沉重。

對於大多數落魄、氣餒、已成為他人負擔的人而言，透過鼓勵和支持，讓他們知道自己仍然具有巨大的潛力，足以將他們改造為有用、有價值的人才。氣餒是不幸的罪魁禍首，是貧窮、放縱，甚至犯罪的根源。當一個人悲觀喪志時，他做不好任何事情，而且往往會沉迷於一些不良的習慣嗜好。

對於政府而言，不論是財政上的回饋還是社會福利的增加，都比不上為那些悲觀喪志、失業、飽受貧窮折磨的人建立一個心理輔導中心更有意義。如果能夠有一個專門為這些人建立的輔導機構，讓他們接受精神方面的治療，就像生病的人去醫院求診一樣，如果他們在這裡能夠得到專業人員的鼓舞和激勵，得到心理醫生的輔導，那該是一件多麼好的事情啊！對於整個人類來說，這是一個多麼大的進步！如果各國政府都能夠設立這樣的機構，免費為精神上有問題的人提供治療，那麼，世界上貧窮、絕望、犯罪的人數將會大大減少。

對於專業人員來說，採用心理化學療法，以新希望和精神力量鼓舞那些受傷的靈魂，讓處在自殺邊緣的人們重新樹立正確的生活觀，相對而言要容易一些。有的人甚至只需要一個階段的治療，就能夠步入正軌，朝著自己的目標前進，不再氣餒、絕望，有的甚至在生活中重新站穩腳步。他們的目光裡閃爍著新的希望之光，期待著更好的事情，擺脫了病態的精神狀況。新的勇氣、希望、理想將會取代憂鬱和消沉的心態，將會取代消極、看不到希望的世界觀。

任何人都可以將心理治療方法應用到自己身上，從此扭轉觀點，朝著富裕的方向前進。正確的思想具有一種創造性力量，只要你不斷地感受自己和萬物之源的同質性，你一定會沐浴在富足光明的朝陽之下。

第 22 章
自私 —— 人格魅力的殺手

　　我在阿拉斯加的時候，曾去過葬馬峽，它位於舊育空鐵路線的育空隘口，當年，曾有四千多匹馬因人類的貪婪而葬身於此。

　　自從阿拉斯加的金礦被發現之後，人們在一夜之間變得無比興奮，瘋狂地湧向能夠找到金子的淘金點。為了搶到金子，他們不顧一切地鞭打著馬匹向前趕路，馬匹馱著沉重的行李日夜兼程，最後，在到達育空河下游的山地時，四千多匹馬斃命於饑餓與寒冷。

　　當時的育空隘口尚未通車，人們只有借助馬匹的力量才能通過，數年之後，當人們乘著火車經過這個峽谷時，總會想起那些可憐馬兒悲慘的命運，這條峽谷也因此而聞名。馬為主人盡忠，結果卻成了自私的犧牲品。

　　在喪失馬匹之後，一些較為虛弱的人以及生病的人脫隊了，最後死於中途。沒有人理會他們，那些前去淘金的人都如此瘋狂，他們拚命地趕往夢寐以求、能讓他們發大財的藏寶之地，片刻不能耽擱，但這些人最終也碰到了麻煩。

　　在文明時代竟然會發生這樣的事情，聽起來似乎有些難以置信，但是，類似的事情卻天天都在上演。人類貪婪自私的本性讓他們對脫隊的兄弟不聞不問，讓他們在面臨生死考驗的關頭拋棄了曾對自己忠心耿耿的人。經濟蕭條的時候，雇主可能會毫不猶豫地用一個月的薪資打發了曾為自己工作

多年的老員工。當員工生病或發生其他變故，無法再繼續工作的時候，老闆也可能會毫無同情心地解雇他們，因為他們沒有利用價值了。

自私貪婪的人，都是性格有缺陷的人。他們永遠無法全面發展，因為自私壓制著一個人的表現力，會讓他無法施展自己的全部才能。

我們可以設想一下，一朵玫瑰對自己說：「我不能將自己完全綻放，將美麗和芬芳帶給這個不懂得欣賞的世界，我應當保留它們，將它們留給我自己。」當然，這朵玫瑰永遠也不會全然綻放，因為它沒有將自身的美麗和芬芳呈現出來。有所保留的玫瑰永遠不會成為一朵真正的玫瑰，它永遠無法綻放出美的力量，最終只能漸漸枯萎、凋零。

自私是人類犯罪的根源，是世界上大多數錯誤行為的動機。促使我們犯錯的，正是只為自己著想、只顧自己的利益、只圖自己開心、對某事某物覬覦已久的私心。

如果你只想著自己，你會發現，就算你有所獲得也體會不到滿足感，一切不過是過眼雲煙。但是，如果你的目標是追求進步和服務他人，是讓自己成為有用的人，讓這個世界更加美好，如果你為的是幫助他人而不是一味跟隨金錢的呼喚，你將得到長久的滿足感。

世界有它自己的規律，自私的人必然處處不順，每個人

都排斥他，所以勢必會失敗。人們不喜歡自私的人，對自私的鄙視是人類的本能，是我們與生俱來的一種情感。

宇宙中存在一種補償定律，這一定律讓一切趨於平衡。不論你付出了什麼，一切最終會回到你身邊。如果你想要不付出任何代價就得到成功，如果你不停地索取，鮮少付出，那麼，補償定律將會切斷你和你想要的事物之間的連繫。你的收支應該要保持平衡，獲得的事物應該和付出一致，也就是說因果關係其實是一種平衡關係。

大自然是絕對公平的，善有善報，惡有惡報，這是法則。我們都十分清楚，總是為自己打算、目光短淺，這些私心讓我們變得渺小、卑鄙、不受歡迎。換句話說，我們不能只為自己活著，我們不能過於自私、貪婪，我們不能不負責任地將自己淳樸的天性泯滅，讓自己失去獲得成功的潛力。

自私的人沒有幸福快樂可言，因為幸福是無私奉獻的結果。自私只能帶給人們低層次的滿足感，這種滿足感不是來自更高的精神境界，而是來自動物低等殘酷的天性。如果我們無法實現自我，無法發揮最大的潛力，我們就無法享受無私奉獻所帶來的幸福快樂。

當我們對他人有不當行為時，為什麼會有一種自責的感覺？那是因為我們在傷害他人的同時也傷害了自己。身旁的人是我們生活的一部分，如果你用利刃去傷害你的朋友，你

就是在傷害自己。宇宙的法則無法讓一個人在不斷傷害他人的同時，確保自己安然無恙。不論你做得多麼隱蔽，不論你所傷害的人多麼卑微、渺小，你所得到的後果都是相同的，在傷害他的同時，不可能不傷害自己。這是一條不容更改的法則。

　　人類的每一次交易、每一次和他人相處，都會有個沉默的夥伴默默陪在你左右。它的任務是確保你做的每一件事都是公平正義的。我們所做的一切，我們所意圖的一切，都會準確無誤地返回到我們身邊。如果我們真誠地盡全力幫助別人，我們也會得到他人的幫助和祝福，任何事物都無法阻擋這種回饋。即使你匿名捐獻，那位沉默的夥伴一定會確保你得到回報，你的生命會因此而更加富有。相反地，如果你的行為沒有任何價值，或者是出於自私的動機，傷害到其他人，那麼，你意欲投向他人的炸彈最終將會落到自己頭上。一次不恰當的行為、一句惡毒的言語、一個邪惡的念頭，總是會回反射到原點。

　　自私永遠是一件得不償失的事情。我們不可能不勞而獲，因為這違背自然法則，這條永恆的法則就根植在我們的本性裡。

　　我們永遠不可能欺騙他人，如果可以，那也只不過是自欺欺人罷了。一切事物都有自然屬性，這種屬性使公平正義

得以實施。當我們欺騙他人的時候，我們其實是在欺騙自己；當我們認為自己占了便宜，恰恰是吃了大虧。不公不義所留下的，往往是對自尊的踐踏。我們在蓄意欺騙他人後，並不見得多麼開心，最終，我們的不誠實將會讓我們更加貧窮。

有些人總認為欺騙他人有利可圖，許多人以欺騙為生，他們絲毫沒有意識到，每一次不誠實的行為都更加貶低了他們的人格。當我年紀尚小的時候，商人們總認為欺騙是一件划得來的事情，但是近年來，再沒有人奉行這種做法了。相反地，人們發現誠實是值得的，是有回報的。事實早已證明，誠實為上策。現今世界上的許多大公司都發現，越是遵循黃金定律，所得的利潤就越豐厚。

黃金定律一度被人們認為只適用於宗教，它是教會講壇上的教導，是主日學校裡的課程，與人們的實際日常生活並沒有太大關係。企業家們很少遵守這一原則，即使遵守了，也是出於責任感而並非其他。人們並不認為這是一種良好的做法，因為當時盛行的風氣是「身為消費者，小心為上」。他們的理論是，如果消費者受到了欺騙，只能怪自己不小心，賣家不需要承擔任何責任。每個經商的人都努力地討價還價，那個時代，在商店裡看到店員和顧客大聲爭論是很平常的事情，因為他們努力想要協調出一個既有利潤，消費者又能夠接受的價格。

約翰‧沃納梅克是第一個提倡統一價格的商人，他為整個世界的貿易帶來了一場革命。今天，我們再也看不到過去漫無邊際討價還價的情景了。一般而言，在具有一定名氣的商店裡，商品的價格都是相同的，在價格方面，他們對顧客是一視同仁的。

有種性格是永遠不被饒恕的，那就是太過自私。。歷史永遠不會為貪婪和自私建造一座紀念碑，歷史只會紀念那些為人類利益做出貢獻的人。

每年都有許多百萬富翁離開人世，然後被世人遺忘，因為他們自私，只知道不顧一切賺取金錢。在他們離世後，總是以快得驚人的速度被世人遺忘。人們對五年前幾乎天天出現在各種報刊上的百萬富翁毫無印象。當人們再度提及這些富豪時，幾乎都是嗤之以鼻，極少數是獲得尊重的。

有些人雖然已經離開我們許多年，即使他們在世時並不富裕，然而，他們的名字和音容笑貌卻留在感激他們的人心中，因為他們的生命是充滿光輝、無私奉獻的。林肯、彼得‧庫珀斯、喬治‧皮博迪（George Peabody），他們的名字不僅永垂青史，而且隨著時間的推移更加響亮。

不論什麼時候，只要你做得到，盡量待人和氣、行善積德，因為做善事的機會一旦錯過就不會再來。如果你允許自己搶奪別人所需的物品，造成他人生活上的困難，那麼，你

就失去了自己最有價值的一部分。

　　人是不可能單獨存在的，不可能遠離人群，獨自過著對他人毫無幫助的生活，獨自享受著以自私手段得來的一切。當然，你也可以只為自己而活，對他人毫不在意，狠下心腸去對待那些急需幫助的人，但是，這麼做又能令你得到些什麼呢？你會發現，大自然已經用補償定律沒收了你從別人那裡得來的一切，你將失去感覺的能力，再也無法體會人世間的許多快樂。如果你繼續占有別人急需的物資，你就會成為一個鐵石心腸的人，任憑別人如何痛苦哀號，你都無動於衷。

　　人不可能遠離人群獨自生活，所以，誰也不可能成為純粹意義上的獲得者。因此，一個人不論多麼精明，都不可能戰勝大自然的法則。大自然的原則是「不捨則失」，你可以苛刻、自私、小氣，但是，你必將為每次自私的行為付出可怕的代價。

　　一生只追求自己方便，貪圖自己的利益，滿足自己欲望的人，會發覺生活如此枯燥乏味。年輕時的朋友通通棄他而去，世界對他將會「以其人之道還治其人之身」，就算在他需要幫助的時刻，也得不到他人的關愛、同情和幫助。

第 23 章
生命的效率

　　近幾年來，人們非常關注效率這件事：如何增加生產量、提高機械的性能、找到更快速的捷徑、採用更簡單的方法、提高經濟效益。不論走到哪裡，提高效率是主要的趨勢，相對而言，我們較少聽說「生命效率」這一概念，但事實上，生命效率要比企業的效率更為重要，只有讓生命有價值，我們才能過真正美好的生活。

　　一個人在商場上的效率或許毫不遜色於戰場上的拿破崙，但是生活中卻很有可能一敗塗地，他或許過著最缺乏道德、最為人們所不齒的生活。在生活方面，他或許是一個典型的反面教材，但從經商的角度來看，他的效率卻極為出色。

　　我有一個朋友，他非常有商業頭腦，很懂經商之道，但他沒有將腦力和精力用在經營自己的企業上，反而為一些雞毛蒜皮的小事而焦慮，浪費了許多精力。他並不是一個豁達的人，經不起一點挫折。他的公司無論哪方面發生了問題，他都會非常不開心，一直持續到事情結束以後，他的心情才會有所好轉。然而有哪個大公司會一點問題都沒有呢？結果就是，他幾乎從來沒有真正快樂過，總有什麼事情打擾他的平靜，每次見到他，我幾乎都能看到他臉上布滿愁雲，覺得他的公司出了什麼大問題。他也從來沒有學會在逆境中和人交往的藝術，他喜歡幸災樂禍，喜歡看著周圍的人倒楣，他

就像一臺敏感的無線電接收器,總能接收到不協調的電波和各種不幸的消息。

如果一個人能夠將自己的工作打理得井井有條,而生活上(包括思想和習慣)卻一團糟,那麼,這樣的人很容易在正值壯年時想不開而自殺。工作上的成功只是個人人生成就的一小部分,對於一個完整的人來說,成功應具有更廣泛的含義。這也正是我們來到這個世界的原因,我們應該培養自己,讓自己具有良好的品德。金錢固然重要,事業固然重要,但品格才是最重要的。

不論在哪裡,我們都能見到這樣的人,他們經濟條件不錯,生活卻過得很糟糕;他們在事業上成功了,但生活上、人格上卻失敗了。我很少見到事業與生活都豐收的人,因為許多人都過著對自身有害的生活。他們思想平庸,具有某些不良嗜好;他們飲食不規律,在食物的選擇上也並不健康。

很少有年輕人知道,生活上的成功,命運的好壞,在很大程度上取決於對自己潛能和大腦的利用,取決於為了開創一項偉大事業在身心方面所做出的準備。生活上的成功在於訓練和培養自己的各種能力,讓它們為成功做好準備。

如果人們能夠把提升企業效率的方法應用到個人生活,如果人們能夠將自己的身心健康視為和企業資本同等重要的東西,那麼,他們的生活一定會發生翻天覆地的變化。

如果一個企業的貨幣資本有效利用率只有 25％ 的話，那麼，這個企業很快就會破產，但是，許多人個人的有效利用率卻遠遠未達到 25％，原因是他們不會有系統地發揮潛能，也沒有為生活上的成功做好百分之百的準備。

許多收入微薄的年輕人感到迷惑，他們不明白自己為何無法快速出人頭地。他們不滿，失望，原因是他們一直沒有得到更好的職位。他們忽視了一個事實，是無知阻礙了他們的進一步發展。如果你問他們一個簡單的、很常見的問題，他們的回答很可能是我不知道」，然後，他們會露出一臉的迷惘，表現出無所適從的樣子。

最能夠增強一個人的力量，並在很大程度上帶給人滿足感的，莫過於一個知識豐富、反應靈活的大腦。然而，許多人並沒有意識到知識的力量，也沒有發現教育帶給人的益處。

雇主感到最棘手的事情之一便是不了解自己的員工。有些員工知識匱乏，且缺乏訓練。例如速記員知識不足，對歷史和政治一竅不通，他們的經歷和知識如此狹隘，以至於含義最簡單的詞彙就能把他們難倒。員工們總是犯語法和拼寫錯誤，或者機械地做著自己的工作，從來不用腦，也不去多想他們是否正確地完成工作。

如果你認為自己完全有能力賺更多的錢，那麼，你是否

試著找出原因，為什麼這麼多年來薪水一直都這麼微薄？與其為自己無法更快有所作為而感到失望、悶悶不樂、懊惱，何不認真分析一下自己，看看是否可以戰勝自己的弱點？你要去尋找那個更優秀的、人格健全的自我，他就潛藏在你內心深處，你一定能找到他。深入研究一下自己，如果你感覺自己只發揮了潛能的 1/4 或一半，那麼，這就是你的癥結所在了。你是否認為原因就在於你自己呢？

人往往會給自己找各種藉口，用來作為自己不得志的理由，比如說，別人有機會，而自己沒機會、一直受到老闆的壓榨、懷才不遇、年輕時沒有受過良好的教育和培訓。這些怨天尤人者往往忽略了一個事實，那就是人們通常得到自己應得的東西。心存不滿的人，其價值或許略微大於他現在所得到的，但是，如果你真能表現出卓越才能的話，那麼不論哪個雇主，都不會讓一個人才做一輩子小職員的，因為這樣做，對他們是一筆巨大的損失。精明的雇主永遠都在尋找可造之材。

社會上有成千上萬聰明、能幹的年輕人，他們在普通的職位上領著微薄的薪水，最主要的原因就是教育程度不高。那些想要尋找高薪的人隨處可見，但是，無知阻擋了他們。他們不僅沒有數位方面的專業，寫不好商業信件，而且，他們的言談也表現出了詞彙的貧乏，最糟糕的是，從他們的言語當中，我們能夠感覺到他們不具備道德和文化修養。

　　你之所以無知，之所以沒有得到充分的發展，真正的原因是什麼呢？或許那不是你的錯，你一生中學習力最快的那段日子裡被迫輟學，幫助家中的經濟。但是，只要你願意，現在你仍然可以以更強的理解力學到更好的知識。活到老學到老，只要生命不停止，學習就不應該停止，自學是一種重要的學習方式。如果你認為自己正在退步，你的首要任務是分析一下自己，讓自己振作起來！

　　你或許沒有發現，你的腦筋動得不夠快，思維速度也不夠快，因為你並沒有訓練過自己，讓自己的思維快速、連貫、具有邏輯，讓自己的大腦集中注意力。然而，阻礙你進步的，恰恰正是這些東西。

　　當我們看到許多天資聰慧的優秀青年只負責一些無足輕重的工作，不斷因實際工作能力和職位之間的差異而感到抑鬱時，心中總不免感傷。

　　真正具有成功潛質的人，無論被放在何種職位上，都會讓這個職位變得更加重要。許多職員都透過增加知識、廣泛閱讀、勤於觀察來讓自己的收入倍增，從而改善自己的生活。許多目光短淺的上班族幾乎從來不讀書、不看報紙雜誌，也不了解時事。我認識一位這種類型的年輕女性，她從不讀書，不看報紙，就算是看書，也只看些無聊的小說，看報紙也只看八卦新聞。她從來沒有想過閱讀的目的是獲得知

識和資訊，是拓展知識和提升思維能力，是為了讓自己更有才智。像這類型的女性，如果哪一天人格方面出了問題，有什麼值得大驚小怪的呢？我認識一個速記員，她說不出任何一位外交官的名字，除了總統，她對其他政府官員幾乎一無所知。

許多人可以僅僅花上一年左右的時間，就有系統地、持續努力提升自己，讓自己得到改變。現今到處都是補習班以及設施良好的圖書館，各種報紙、期刊隨處可見，對於一個心智正常的人來說，恐怕再沒有什麼冠冕堂皇的理由來為自己的缺乏常識辯護了。有許多青年人透過函授學習、培訓，或家教，甚至透過自學讓自己擺脫了困境。如果一個閉塞的人肯去圖書館閱讀各種雜誌，他很快就會發現知識得到了擴展，自己的心智在很大程度上得到了提升。要盡量去聽一些傑出人物的演講，最終，你的整體素養會得到很大的提升。

只要有能力為自我提升而投資，就不要把錢存到銀行裡，比如說，出門去旅行就比把錢存在銀行更好。任何真正意義上的自我提升，任何能夠讓你更優秀、心胸更廣闊、更高貴的事物，都是有價值的投資，都能帶來永恆的、任何人都奪不走的財富。

你所擁有的內在財富是你最真實的財富，你的銀行存款，你在股票、基金方面的投資，或者其他一些財產，永遠無法和你自我發展的投資相比，因為自我發展更有意義。

　　曾經有一個百萬富翁告訴我，他要將自己一半的財產捐出，捐給我們稱為「希望」的正統教育。他說，他犯了一生中最大的錯誤，年輕時拚命賺錢，幾乎成了金錢的奴隸，他後悔沒有自我投資，後悔沒有花時間培養自己，而是讓自己成了一臺賺錢的機器。

　　我們常常看到這樣一些美國人：他們十分富有，但是，他們除了知道一些賺錢的專門技能之外，對其他事情幾乎一無所知。我們常常能夠看到許多從事服務業的年輕人，他們天資聰慧，然而，他們中有的如同蠟像般呆滯，站在那裡一動不動，有的則一開口就暴露素養不高的事實。有許多富有的美國人，他們除了能夠談論一些和自己的行業有關的話題外，無法就其他任何話題展開一段完整的談話！許多人在談到社會問題時，幾乎啞口無言，每當談到自己專門領域以外的話題，他們很明顯就會變得局促不安。

　　我認識一個自然學家，他對自然歷史研究得十分透澈，但是，他卻寫不出一個通順的句子來，因此，縱然有再多的學識，也無法充分發揮。他無法將自己的科學研究、調查、發現透過製表或編輯等方式記錄下來，結果這些資料通通丟失了。他承認自己的生活是個敗筆，但是他也知道，自己在專業方面的能力不亞於在世的任何一位自然學家。儘管這樣，只要他下定決心，他完全可以克服這一缺陷。

在我們周圍，常常可以看到一些能力出色，卻苦於沒有知識、缺乏技能，因而能力無法施展的人。成千上萬人只因為教育程度低、缺乏專業培訓而無法發揮自己的才能，那麼多了不起的創造力和天賦就這樣白白被浪費掉，試想，這個世界將因此而蒙受多麼大的損失！

不論走到哪裡，我們都能看到人們穿金戴銀、珠光寶氣、衣著華麗，或者在家裡擺設一些古玩古董來竭力掩飾自己的淺薄，彌補他們缺乏素養的事實。最近，我碰到了一位在大公司擔任接待窗口的男性，他衣著華貴，戴著一枚大鑽戒，但這一切依然沒能掩蓋他涵養的不足，鑽戒給人的感覺就像掛在鼻子上的珠寶。這一切都更加突出了他缺乏知識和文化的事實。

一輩子都覺得自己不如人，感慨自己年輕時沒有好好用功讀書，沒有受過良好的訓練，是一件很可怕的事情。

許多人在自己的專業領域裡，真的可以稱得上專家，但是，在其他方面卻連常人都比不上，他們是實用主義者，把一生的時間都用來賺錢。他們對生命豐富多彩的一面一無所知。在某種程度上，他們將自己全部消耗在了工作上，這類人和那些勤於自我提升、培養健全人格的人之間形成了鮮明的對照。

大自然只將各種潛能借給我們使用，如果我們不斷磨練

這些潛能，她就會認為我們有資格擁有這一切，並將更多的能力賜予我們。但是如果我們不去使用這些潛力，她就會收回，我們也就失去了這一切。從我們停止利用這些潛能的那一刻起，它們就開始萎縮。如果不自我提升，我們也將退化。

遺憾的是，大多數人認為，離開了學校，沒有環境，學習根本是不可能的。再沒有比這更愚蠢的想法了。在美國，即使是家庭條件最差的孩子也有上大學的機會，也有機會接受各種機構提供的教育、培訓。林肯透過自學獲得豐富的知識，見到他的外國人因為他的博學多聞而詫異。林肯年輕時，極為艱困的環境下，獲得了相當於大學教育的知識，那麼，今天的年輕人，在比當年的林肯條件強許多倍的情況下，有什麼做不到的呢？就連海倫‧凱勒這樣的殘疾人都能夠獲得大學教育，那麼，對於無數健康的人而言，對於那些擁有力量和無數機會的年輕人而言，又有什麼是不可能的呢？

難道你比海倫‧凱勒更不幸嗎？難道你所處的環境比當年的林肯更為惡劣嗎？

許多不思進取的年輕人，知識匱乏，離大學教育有很大的距離，對他們來說，這似乎是無法逾越的鴻溝，因此，他們失去了勇氣，打消了想要獲得教育的念頭。你一定知道積

少成多的道理，1分錢能積攢成1元，1元能累積成1,000元。那麼，同樣的道理，你可以利用每一分鐘去做一些有益的閱讀，將每一分每一秒都花在自我成長、自我提升上，那麼，你就是在累積一筆絕對比金錢更有價值的財富，因為任何投資都不如自我提升更有意義。這種投資帶給你的，是任何外界災害所無法掠奪的財富，也是失敗所無法撼動的財富。不論你遭遇了什麼，就算你失去了手中的一切，但是，只要你有知識，只要你誠實可信，只要你勤奮努力，你就可以東山再起，獲得成功。

你或許正因為自己職位不高、薪水不多、沒有機會而感到懊惱，但是我的朋友，讓我來告訴你，就在不遠處，有許多人都在羨慕你，他們認為你的職位充滿機會，正趁你休息的時候充實自己，讓自己能夠勝任更重要的職位，讓自己的薪資不斷提升。

我認識許多年輕人，他們常常利用空餘時間為自己充電。單純從經濟的角度來看，自我投資的經濟產出要大於薪資收入，因為他們在自己的大腦中儲備了各種珍貴的知識和資訊，這些知識在以後往往會轉化為可觀的財富。

自我提升、自我成長的習慣會讓你受益無窮，這些對一個人心智、精神上的啟發，對一個人價值觀的形成都有極大的幫助。

不斷追求上進的人往往還具有其他一些美好特質、個性和習慣。每當我看到某個充分利用時間、不斷提升自己、不斷拓寬視野、不斷為自己設立更高要求的年輕人時，我就可以斷定，這個年輕人身上具有某種非比尋常的特質，可能過不了多久，我們就能聽到他功成名就的好消息。

一個人未來一切的關鍵所在，也就是最能夠決定一個人命運的因素，正是可發展性。

有多少人出於種種原因，在年輕時失去了學習的機會，這些人一生都受到無知的限制，在競爭中總是居於下風，輸給那些更有知識的對手。他們不願意學習，因為他們認為學習是兒童或青少年的事情，過了這個年齡，人們就不再需要學習了。

在我們周圍，總能看到一些天資聰穎的人，他們完全有能力、天賦成就事業，然而，他們卻只能在平凡人的行列中苦苦掙扎，只能做一些普通的工作，原因就在於小時候沒有人督促他們認真讀書。最終，這些人只能終生過著不得志的生活，缺乏文化素養讓他們被低估，他們卻又不知該如何擺脫這種狀況。他們與競爭對手相比，或許勢均力敵，或許實力強於對手，但是，由於他們的知識狹隘，在某些方面不夠敏銳，由於他們不懂得如何集中精力，邏輯思考能力差，所以，他們總是處於下風。

　　大多數人都沒有充分了解到，透過自我完善，他們能夠在很大程度上讓自己的效率、精神力量，以及賺錢能力加倍提升，即使到了晚年也不例外。有許多人對金錢很小心，把每一分錢都看得很重。這些人似乎完全忽略了利用晚上和假期等閒暇時間學習能帶來的各種可能性，這種可能性具有無窮的價值。他們似乎沒有意識到，花一刻鐘集中精力去閱讀一些勵志的、有用的書籍所達到的自我提升絕對要比努力節省下來的那幾塊錢更有價值。

　　最好的投資永遠都是在自我提升方面所做的投資。不斷讓自己進步是一把鑰匙，它將釋放被鎖在心靈深處的力量。

　　思維每開闊一點，視野每拓寬一點，對一個人的事業來說，都會是一粒種子，這一粒粒種子將會帶來收穫。

　　要記住，不論你是否已經過了在學年齡，你都可以藉由其他形式彌補所失去的一切。成年人可以接受一些更為實用的知識，因為他們的心智能讓他們比青少年更為合理地利用時間，另外，他們的判斷力也更好。成年人有能力辨別什麼是有用的、實用的、有幫助的，什麼不是。

　　不論什麼年齡，也不論有多麼忙，每個人都能夠獲得大學文憑，或者是同等學力；只要願意充分利用業餘時間從報紙、雜誌或書籍上吸收知識，每個人都會不斷擴大自己的見聞，我們還可以透過和別人交談、觀察他人、聆聽他人來提

升自己。就連聾人、盲人和肢體有殘疾的人都能得到大學文憑或同等學力，那麼，健全的年輕人還有什麼藉口不學習呢？最淵博的人往往是靠不斷吸收知識，透過各種管道獲取知識而取得成就的。三人行必有我師，他們會從每個有經驗的人身上獲得知識和資訊。孜孜不倦地追求，不斷充實自己，完整自己，透過這些管道得到的知識絲毫不少於正規高等教育所傳授的知識。如果可能，要想盡一切辦法上大學。即使不能踏入高等學府的殿堂，也不要放棄持續學習。

要從每一個可能的管道汲取知識，汲取自我提升的力量。不要錯過任何能夠讓自己更強大、知識更淵博、受更高教育的機會。

要養成儲備知識、豐富經歷、加強個人力量的習慣，這種習慣也恰恰是成就羅斯福、施瓦布、沃納梅克等偉人的習慣。

每當我看到某個家境貧寒卻工作努力的年輕人不斷向別人請教問題，盡一切可能獲取知識的時候，我就明白，就算他不具備超群的天賦，他也必定具有其他優點。就算你是一個書讀得不多的中年人，自我學習也可以彌補你長久以來的損失，不僅如此，學習還會帶來滿足感和愉悅感。在各行各業中，我們都能看到許多這樣的人，他們或遇到挫折，或停滯不前，或猶豫不決，不知道下一步該往哪裡走，只因為他

們缺乏知識，沒有技能，因為他們教育程度不高，不知道也不願意自我學習。這些人最容易抱怨時運不佳，命運不濟，於是總是停留在平凡人的行列中，而其他一些能力不如他們的人，卻一個個爬了上去，步入了上流階層。你所抱怨的逆境中或許蘊藏著力量，充滿了機會，就看你是否能抓住它。

　　許多人沒有進步的能力。不論別人怎樣幫助他們，也不論重複多少次同樣的建議，他們都毫無改變。他們偏執，頑固執拗、拒絕任何建議，只按照自己的方式做事。身為員工，他們不會升遷得太高，要想教好這樣的人，恐怕得從嬰兒時期開始，更進一步說，要先把他們的祖父母教好才行。

　　另一類人缺乏耐心，目光短淺，只關注自己的付出。他們希望看到立竿見影的成果，他們像尚未掌握基本原理和技巧就急於作畫的年輕藝術家，像急於登臺唱歌、演奏曲子的音樂系學生，這種人不喜歡長時間進行枯燥乏味的基本練習。

　　知識永遠不會向那些不願購買入場券的人敞開大門。

　　我希望每個年輕人每天都能堅持花上一小時，集中精力、認真地為自己充電。如果可能的話，我希望這樣做的效果能夠如一道絢麗的光，劃過天空，讓每個年輕人都能明白地看到、清醒地意識到知識的力量。你將驚奇地發現，你所累積的每一點知識產生的效果，將會如何令你的生活得以改

觀。千萬不要認為，將晚上的時間用於讀書或利用一切閒暇時間進行充實自我是在浪費時間。單單從金錢的角度考慮（當然，這是非常狹隘的想法），你的知識增加了，所賺的錢也會相對增加，最起碼要比你每天上班所得要多。

你無須過於期待自我提升的結果，你只不過是在播種，需要等待一定的時間方可迎來收穫，得到長久的滿足感。

我認識許多年輕人，他們工作努力，但每週的收入只有5～10美元。他們利用夜間、假期、平時的空餘時間努力提升自己，這樣做是值得的，他們不僅收穫了知識，而且提升了賺錢的能力。換句話說，這種自我提升使他們具備了走得更遠、更快，爬得更高的基本能力。

帶著馬虎、不認真的態度生活，沒有好好地接受教育和技能培訓會給一個人的一生帶來很嚴重的影響。如果你希望自己的生活值得驕傲，那麼，你就應該正確畫上生活的第一筆。不管是什麼建築，地基都是最重要的。

任何投資的回報都比不上訓練一個人如何正確、快速地思考。在教育面前，無知總處於極為不利的境地，實用的知識一直都擁有通行權。

如果你決心要在最大程度上實現自我，那麼，你要學會放棄許多假期、許多玩樂的時光，你必須學會放棄眼前的舒適來換取日後更大的發展。

　　我認識不少這樣的青年，他們急著想讓自己更有學識，然而，卻捨不得放棄一個晚上的休閒去學習。他們無法放棄劇院，無法拒絕派對、舞廳、俱樂部，幾乎每個晚上都有活動，然而，當他們看到那些放棄了這些玩樂去上夜校的年輕人、那些抓緊一切時間自我提升的年輕人得到升職機會時，他們認為這一切都是「幸運」。

　　在某種程度上，大多數年輕人認為成功是一件依靠外力的事情，他們認為成功是一種神祕的力量，它就像一股旋風，在一夜間席捲了整個大陸，將一些人帶到了自己的目的地。他們並沒有看到這樣一個事實：幫助自己走向目的地的外力就在自己手上，只有自己才能啟動它。他們似乎不明白，有因必有果，量變產生質變。

　　懂得犧牲的藝術，懂得用眼下少量的損失換取未來更大的獲得是一件非常重要的事情。很少有人願意將現在的娛樂時間用在讀書、學習、自我提升上，用來換取日後更大的發展。

　　但是，所有真正意義上的成功都是因為著眼於更光明的未來，進而不斷犧牲現有的快樂而獲得的。在日後能夠帶給你高薪收入的，正是你眼下放棄了撲克牌遊戲、派對聚會、跳舞看電影、社交聚會，將這些時間用在自我提升的努力上。

　　沒有任何藉口可以為自我放逐、自我限制辯白，也沒有
任何藉口可以解釋一個人為何不思進取。不管是誰，只要願
意，都能將自己全部的力量和才能開發出來。

　　一定要記住，最具價值的不是別的，正是不斷自我提
升。事實上，除了不斷自我激勵，鼓勵自己成長之外，任何
人都幫不了你。在你不斷向前延伸的生命旅途中，只有你與
生俱來的思想和意志的力量能夠幫助你完成一切，我們稱之
為「命運」的東西，有一大部分是由我們自己來決定的。

第 24 章
時間 —— 最寶貴的財富

　　丁達爾教授（John Tyndall）告訴我們，他這一生中所受到的最大激勵來自一位幾乎不識字的老男僕。每天早晨，男僕都會去叩這位偉大科學家臥室的門，喚他起床：「起床了，先生，七點鐘到了，今天，還有重要的工作等著您去做呢！」

　　現在，你不妨也將這句話當作自己的座右銘，用大字寫下來，放在床頭，好讓你清晨睜開眼睛時，就能看到它。「起床了，今天還有重要事情等你去做呢！」但通常來講，我們不會去想這一天會發生什麼，事實上，我們幾乎沒有真正意識到一天的時間到底意味著什麼，到底具有怎樣微妙的價值。想像一下，在一生當中，我們到底可以得到些什麼。有一次，我在和施瓦布先生一起吃午餐時他告訴我，上午，他已經完成了一筆4,300萬美元的交易。實際上，我們每天都有重要的事情去完成，在某種程度上，這些事情對我們的重要性絲毫不亞於幾百萬美元的交易之於施瓦布先生。

　　有人說，雖然我們懂得節約金錢，但是，任意揮霍時間、浪費生命卻是相當大的錯誤。浪費時間就是在浪費生命，同樣地，打發時間就是在打發生命，因為我們在打發時間的同時，也打發掉了生命中一切可取的東西。我們常常在節省金錢的同時卻浪費著時間，當我們這樣做的時候，我們其實是在浪費宇宙中最寶貴的東西，因為時間就是生命。這是誰也無法逃脫的定數。

　　判斷一個人成功與否，聰明還是無知，我們可以觀察他利用時間的方法是明智的還是愚蠢的。如果你能告訴我你對時間的看法是怎樣的，它對你是無比珍貴的還是很平常，那麼，我就能夠告訴你，你會讓自己的生活成為什麼樣子，你的生活會是傑作還是敗筆。

　　如果你珍視每一刻時光，尤其是你的空閒時間；如果你手中時常帶著一本書，或者一些有價值的資訊，以便忙裡偷閒去閱讀，那麼，我可以斷定，你身上具備一個成功者應有的素養。此外，如果你在閱讀的時候筆記的習慣，把你所讀到的、想到的事物和提議記錄下來，以備日後使用，那麼，我還能夠更加肯定，你會取得巨大的成功。

　　很顯然，那些渴望知識、渴望資訊的人，那些讓自己的生活更寬廣、內容更豐富，那些不斷拓寬自己眼界，珍惜時間的人，通常都是成功之人。

　　許多人都隱約感覺到，成功的事業除了日常的工作以外，很大程度上還受到態度的影響，這是一個很嚴肅的事實。實際上，人們的經驗和觀察不斷在論證一件事，即成功完全取決於我們如何支配時間這種每個人固有的財產。獲取成功是一個日積月累的過程，它意味著讓生命發揮最大限度的力量，同時，成功也是一件付出努力然後水到渠成的事情，不存在任何非自然的力量。成功只是一個誠實、真摯、

堅持不懈的問題，只是一個精益求精、更上一層樓、永遠讓自己處於最佳狀態的堅持。

想發揮生命最大的潛力，就必須最大限度地利用時間。但是，幾乎沒有什麼人真正意識到，浪費時間就是在浪費生命。生命對我們非常珍貴，即使臨刑前的囚犯，也會數著自己還有多少時間，因為當生命即將結束的那一刻，更加顯得如此珍貴，他絕不會放棄享受生命片刻的時光。如果我問你，你是否願意用自己生命的一個月、一年、五年時間來做交換，換取其他東西，你一定會說，就算是將全世界的財富擺在你面前，也休想換取你生命的片刻時光。然而，有許多人卻抱持自殺的念頭，還有許多人已經這樣做了。時光不能倒流，悔恨無濟於事，這是大自然的法則。如果我們違反了大自然的法則，我們的生命必然就會被削減。如果我們在昨天或今天做了縮短壽命的事，那麼，一切都已於事無補，任何事情都無法挽回你犯下的錯。違背了自然法則的人，就算他坐在王座之上，也必然會受到懲罰。

你是否意識到，當你的時間多得打發不完，當你覺得百無聊賴的時候，你又做了些什麼呢？或許你在掰著手指數日子，想著什麼時候才能擁有一個真正屬於自己的家；什麼時候才能看著兒女成群，享受天倫之樂；什麼時候你能過比現在更有錢、更舒適、更奢華的生活。你的未來看起來是光

明美好的，但今天無休止的單調乏味生活和枯燥不堪的工作讓你覺得很難熬，你希望這一切快點結束，希望好日子快點來。你認為這種毫無價值的渴望真的會起作用嗎？它只會大量浪費你的生命和時間，這不是生活，把時間花在空想上不會有任何結果。

　　你是否想過，當你晚上出門閒晃打發時間，你其實是在打發自己的生命，扼殺你生活中的機會。你認為失去一天沒什麼，但是，你會將自己一天、一周、一個月的生命出賣給別人嗎？你是否意識到，當你竭力打發時間時，你真的是在抹殺自己的生命，因為你無法將生命和時間分割開來，生命和時間是同一件事。浪費時間就等於失去機會，抹殺生命。

　　一定要牢記，每當你感覺時間多得打發不完，想辦法消磨時間的時候，就是在慢性自殺，因為你的時間就是你的生命，二者密不可分。你還要牢記，當你打發了大好的時光，當你將時間花費在留給你遺憾和悔恨的事情上，花費在讓你第二天厭惡自己為何如此頹廢的事情上，花費在令你不再尊重自己、傷害他人的事情上時，你不僅是在慢性自殺，而且是在扼殺自己的人格，因為和先前的你相比，你已經降了一個層級。

　　讓人覺得奇怪的是，很少有人將時間視為自己的財富。我記得有這麼一個年輕人，他野心很大，看似下定決心要到

達前方某個目標，一路上卻總是停下來和人交談。我知道，他一天裡總要花上 2 小時，與毫無共同話題的人聊天，與偶然碰到的，和自己工作毫不相干的人聊天，他還會坐下來抽煙、閒聊、閒逛。他似乎從來不知道把握時間，吃午餐的時候也總要在餐廳逗留上 2~3 個小時。所以他一直沒取得偉大的成就，他可能永遠也不會太成功，因為他似乎永遠體會不到時間的寶貴。然而他卻把金錢看得十分重要，他從來也沒想過要丟掉 10 分或 25 分的硬幣，卻捨得丟掉價值 1 美元的時間，絲毫不覺得遺憾。

　　時間就是金錢，時鐘每滴答一下，我們所剩的生命就減少一秒，我們創造美好事物的時間就會減少一秒。生命就像大面額的政府債券，不同之處在於，我們所擁有的債券逐年增多，而生命則是一天天在減少。許多人都毫不吝惜地花費這筆資金，從來沒想過它永遠不可能再贖回，一旦失去，便永遠失去，世界上沒有任何一種力量能夠將它挽留。做過的，便永遠是做過了，而遺漏掉的，也將永遠被遺漏，好好壞壞都已成為過去，被封存起來，再也回不來了。雖然我們會萬分後悔，甚至以淚洗面，但都無濟於事。時間無情地控制著我們每一個人，任何厄運、災難、不可抗力因素都無法與之相比，任何事物都無法阻擋時間所產生的不可逆轉的、無情的作用。

　　有人說，時間是唯一不需要你花費任何成本就可得到的一筆生命財富，但若失去了這筆財富，就等於失去了一切。你利用時間所發揮的價值決定著你能從生活中得到什麼。觀察一下年輕人是如何對待自己寶貴的時間的，這是我所知道的評估一個人未來的最佳方式。

　　如果一個年輕人愚蠢地浪費時間、打發時間，因為他總是等不及，希望新的體驗、新的刺激快點到來，那麼，他必定不會成為生活的贏家。

　　難道當下的時間不是你生命中最寶貴的東西嗎？難道你要像揮金如土的人對待金錢那樣，任憑時間從你手中溜走，直到你再也擠不出一點時間的時候，才意識到它是何等寶貴？

　　成功的人，為這個世界做出貢獻的人，不論他們具有其他什麼方面的缺陷，不論他們缺乏什麼，都會格外珍視時間。他們像守財奴對待自己的金子一樣對待自己的每一小時、每一分鐘，因為他們知道，生命就是由時間構成的。

　　不太看重時間的人就是不太看重生命的人，他們對理想無所謂。扼殺自己的時間就是在扼殺機會、可能性、機遇，甚至自己的未來。

　　所以，年輕的朋友，當你如此輕視自己的時間，當你用各種方式消磨時光、沉浸在毫無意義的小說中，做著不切實

際的幻想，等著新鮮有趣的事情發生，等待一些新體驗之時，你幾乎沒有意識到，你所浪費掉、拋棄掉的，正是世上最寶貴的東西！

我聽說過一個關於印第安人的故事，他們發現了一個包包，外面飾有珠子和閃光片，裡面裝有一些未經雕琢的鑽石。這些印第安人扔掉了珍貴的鑽石，留下了華麗卻一文不值的包包！這也正是我們大部分人在生活中所做的事情，我們留下的是廉價、閃耀、炫目而膚淺的東西，丟掉的卻是生活中永恆而珍貴的東西。我們吃掉了穀殼，卻丟棄了穀仁。

如果你想要取得一定的成果，做出一些有意義的事情來，你就必須像保護自己的珍貴財產一般保護自己的時間，你絕不允許任何人隨便占用你的時間。或許，你有必要訂下嚴格的規矩：在繁忙的工作時間，你拒絕接待任何來訪者，即使是相識多年的老朋友也不例外。當然，這樣的規矩令人不愉快，但是，這麼做對你很重要。如果你想做出任何成績，想做出一些富有創造性的事情來，想要在假期集中思緒，你就必須讓人們知道，你在某個特定時段裡不希望被打攪。如果你向每個訪客敞開大門，或者歡迎每個順路拜訪的人，你就無法集中精力，做出最好的事情來。

許多值得人們尊重的人，如果他們有自己的原則，能夠拒絕那些毫無理由占用自己時間的人們，那麼，他們的成就

一定要遠大於現在。就是因為他們隨和、相信別人，才會輕易被打攪。這些人不論自己的工作壓力多麼大，時間多麼緊迫，從來都不會拒絕任何人，所以，等他們意識到的時候，一天就這樣過去了，而他們什麼都沒做成。

　　我認識一個朋友，他是如此和善、脾氣溫和、富有同情心，他努力想幫助每個人。所以，他無法開口暗示那些有意無意占用他寶貴時間的人，表明他真的很忙，不想被打擾。所以，他任憑這些人來拜訪他，坐在那裡沒完沒了地說話，大半天就這樣過去了。接下來，他就只好長時間留在辦公室加班，試圖將那些被其他不相干的人偷走的時間彌補回來。其實，這件事對他和他的家人都很不公平，因為這樣做嚴重影響了他的家庭生活。

　　許多人的工作都受到這種情況的嚴重影響，這些來訪者都是順路拜訪，自己對別人沒有什麼幫助，卻指望從別人那裡得到好處的人。

　　你或許會說，你很窮，永遠也不會像別人那樣擁有很多機會，也不會有人來幫助你，提拔你。但是，親愛的朋友，你是否發現到，時間不就是機會嗎？生命中還會有什麼契機能夠讓你呼喚出自我、發揮潛能、追求理想的機會更為珍貴呢？

　　在這個世界上，即使是出生在最貧寒家庭的孩子，也擁有同樣的時間。人的一生中機會何其多，有生之年可為之事

何其廣，生命中所能創造的奇蹟何其大。

　　想一想林肯、愛迪生來到這個世界之後，用一生的時間所做的事情吧！林肯想要的全部財富不外乎是時間和機會，他不會浪費一丁點時間。他抓住一切能獲得進步的機會；一切能夠展示他高貴品格的機會；一切能夠發揮自己與生俱來、蘊藏在自己內部的潛能的機會，最終讓自己名垂千古。時間和機會是有助於我們獲得成功的最大的一筆固有財富。

第 25 章
平衡與自控

　　擁有平和的心態，在任何事情面前都能保持泰然自若可謂一種藝術，只可惜，能做到這一點的人少之又少！與保持平和相比，賺取財富也成了一件簡單的事情。如果你心態很平和，那麼，你就能很好地發揮自己的能力，但是如果你缺乏這種平和，不論你被指派什麼工作，你都無法順利地完成，因為你的心態無法讓你的心智達到平衡。

　　你所熟知的人當中，或許有人擁有一流的人格，如果你仔細觀察他們，追本溯源，找到他們成功的基礎，那麼，你就會發現，在他們成功的基石上，都刻有「平衡」二字。

　　平衡、自控是一種能夠讓我們不受周遭環境影響的能力，它能讓我們擁有一種超然的心境，讓我們坦然面對一切，不以物喜，不以己悲。

　　平衡就是力量。平和的心態意味著整個大腦與各個器官能協調工作，意味著大腦中正在產生某種力量，平衡表明一個人具有平和的思想和良好的判斷能力，它意味著果斷、有創意、自控。

　　人一生中的首要任務是學會自控。擁有良好的自控能力和平和的心態不僅能讓你擁有力量，而且能讓你贏得他人的尊重，因為真正能夠控制自己的人可謂鳳毛麟角。

　　常言道：「僅有優秀品格還不夠，我們還應該好好管理這些品格質。」

　　當我們看到那些能力出眾、本來可以發展得更好的人，只因為缺乏平和的心態和良好的自控能力，因而無法更進一步時，心裡就會感到同情和難過。這些人都是自己性格中緊張、嫉妒、脾氣火爆的犧牲品。這些人因為一些雞毛蒜皮的小事而暴跳如雷，而心態平和、自控力強的人卻不為所動。

　　丁尼生（Alfred Tennyson）曾說過：「自尊、自強、自控，僅僅這三項特質就可以讓你擁有強大的力量。」

　　而赫伯特・史賓賽（Herbert Spencer）則告訴我們：「人類身為一種道德倫理生物，最重要的一項屬性便是具有自控的能力。達到自控的最高境界的人，便是一個完美、理想的人。不衝動，在最為關鍵的轉捩點不失去方向或受人左右，而是能獨立、平衡思考。行事要經過多方面思考，經過大腦權衡、分析之後，再做出冷靜的決定。這也正是教育，至少是道德教育所要努力達到的結果。」

　　完全做到自控的人會擁有一股額外的力量。不論發生什麼事，他都能確實知道接下來該怎樣行動。他不會讓自己看起來像個傻瓜，也不會就此喪失理性，或在一時衝動下讓暴力控制一切，導致自己的生活受到影響，甚至毀了自己。他十分清楚，在任何突發狀況下，都要控制自己，因為他已經領悟了自我控制這門藝術的關鍵。

　　在緊急狀況下，最需要的就是一個人的鎮靜與平和。不

論發生了什麼，鎮靜之人永遠不會陷入慌亂、膽戰心驚、思維混亂。平和之人從不焦慮，從不火冒三丈，從不斥責別人，從心有不甘，從不排斥他人，也從不興奮過度，即使面對最大的挑戰，也會保持沉著、冷靜。

在突發事件或災難面前，擁有平和心態的人是頭腦冷靜、鎮定自若的，他們知道最應該做的事情是什麼。

每當大街上發生緊急事故，也就是鎮靜得以詮釋的時刻。一大群人聚集在一起圍觀，一般人根本就不知道該怎麼辦，也不知道如何對傷者進行第一時間的救援。但是頭腦冷靜的人會立刻推開人群，來到受害者身邊，對他們實施必要的救援。他們不慌不忙，沒有絲毫的緊張，周圍的人一個個看得目瞪口呆。

有一次，英格蘭的一位國王在大街上癲癇突然發作，暈了過去，周圍聚集了很多看熱鬧的人，但能駕馭這個局面的，只有一位醫學系的學生。只見他推開人群，迅速來到國王身邊，幫他放血。倒在地上的國王這時候甦醒了過來，這位學生的沉著和勇氣感動了國王，國王封他為皇家醫生。他就是偉大的安布羅斯·佩爾。

我認識的一個人就具有沉穩的好品格。不論發生了什麼事情，也不論其他人多麼興奮，這個人總能保持他一貫的風格——處變不驚。在任何刺激、混亂、危急的關頭，他都能

保持頭腦冷靜、反應迅速、思維敏捷。從沒有人見過他手足無措，也沒有看過他心不在焉的樣子。他總是把持自己，處於完美的自控狀態之下。

我曾經目睹過他的事業面臨災難威脅的時刻，一場訴訟案件幾乎將他毀於一旦，但他還是鎮定自若地走進法庭，彷彿接下來要發生的任何事都不會對他造成影響。

當其他人興奮不已、暈頭轉向、無法控制自己的行為時，我們往往會情不自禁地對那些個性突出、完全保持平靜、絲毫不為外界所動的人肅然起敬。

又有什麼財富會比獲得這種泰然、平靜的心態更為珍貴呢？又有什麼事情會比良好地控制自己，讓自己不做傻事，保持理性更為重要呢？

我們會不由自主地喜歡、佩服那些沉著和能保持平衡的人，也喜歡和這樣的人相處。我們本能地討厭那些喜歡擔憂、焦慮的人，那些似乎永遠也不知道該怎麼辦的人，我們總想避開他們。我們能夠從冷靜的人身上感受到一種完整、全面的氛圍，這種感覺帶給我們鼓勵、支持和力量。

平衡、協調、和諧，這是成功的根本。舉個例子，如果一個人不能好好地運用自己的感知能力，沒有判斷能力，那麼，即使是道德的最高層面——慈善，也照樣可以毀掉一個人。如果一個人無法讓自己的思考達到均衡發展，他就可能

　　會有過度慈善的傾向，將自己擁有的一切都送給別人，最後可能會影響自己的家庭。

　　我認識一個很典型的這種類型的人。他為人十分和善，總是盡全力去幫助有困難的人，但他缺乏限度以及良好的判斷力，他將自己擁有的一切都送給了別人，甚至以自己家人的舒適生活為代價來滿足他過度的善心和幫助他人的熱情。這樣的人並不十分平衡。

　　人格和思想的力量來自於大腦各方面機能的和諧發展。

　　在均衡發展的大腦機能中，不應該出現一種特質過於突出，和其他特質不成比例的現象。在調節自如的一套大腦系統中，每一種能力都會互相呼應，就好比鐘錶中每一個齒輪的運動都應當得到很好的調節，和其他齒輪相互合作。

　　這個世界到處都是破碎的、令人失望的生活，經常性的失敗吞沒了偶然的成功，好不容易得來的少量財富敵不過一次悲慘的失敗。在這種情形下，遠大理想和缺乏系統條理、缺乏守成的能力相互交織著。許多人的事業就像一條由碎布縫製而成的被褥，總是成功與失敗並存，其原因就是缺乏心態上的平衡，以確保將成功持續下去。

　　我們的一生中，到底曾遇到多少真正平衡而平和的人？無數人的發展都是不全面、不均衡的。能均衡發展的人少之又少，因此，這樣的人永遠都是少數。我們不難發現，許多

優秀人士在各方面都十分有能力，卻常常做出一些奇怪、沒有條理的事情來，判斷能力差總會讓他們跌一跤。

　　一個人一旦留下暴躁的名聲，或者留給人們一個時常做傻事，無法委以重任的印象，這對一個人的發展是致命的打擊。

　　如果你發展不均衡，那麼，不論你在某個專業領域多麼突出，一個理智的企業家是不會信賴你的，因為他們知道，你可能會因為壓力或者其他突發狀況發生而做出愚蠢的事情來，犯下嚴重的錯誤。

　　不惜荒廢其他特質的發展，過於側重、不斷使用任何一種潛能都會導致大腦發展失衡，這是十分有害的。不論這個被過度使用的潛力有多麼重要，多麼有用，為了讓大腦平衡發展，保持心智的平衡，我們也不應該放棄使用其他能力。因為平衡就意味著力量、良好的判斷力和智慧。

　　勇氣是成功不可或缺的要素，但是，如果勇氣失去了平衡，失去了謹慎的制約，那麼，它就會使我們失控，從而讓我們陷入各種尷尬境地。勇敢大膽，如果前提是謹慎小心，以良好的判斷力為指導，可以稱得上一種了不起的品格。

　　平衡意味著你的思想完全處於自我控制下，意味著你的精力被均衡地支配，你可以隨時將你的精力移轉到其他需要的地方，將你的全部自我都投入到你打算追求的目標上。

　　最有利於一個人身心健康的，莫過於平和、平衡的心境。如果你的思想由於憤怒、嫉妒、興奮、焦慮、恐懼失去了平衡，那麼，你的整個身體也就失去了平衡，所有的功能都會變得紊亂。任何破壞和諧的東西都會影響健康，都會誘發潛伏的疾病發作。如果我們整個人處於一種和諧的狀態下，思想也會是平衡的，所以，從小養成平和的心態有助於修身養性，最能提高一個人的效率。

　　我們應該培養孩子均衡發展，讓他們擁有平衡的思想與態度，無論遇到什麼事情，發生了什麼不幸，都能夠用一種相對舒適的心境走完一生，在任何情況下都能保持身心的平靜。

　　和諧是效率、魅力、幸福的祕密武器，和諧其實很簡單，只要我們和無限的宇宙保持步調一致。平衡、平和、和善、甜美的性格往往能夠讓整個身心和連續不斷發生在我們身體裡的新陳代謝保持和諧，而摩擦矛盾則最容易破壞人體的代謝系統。

　　新陳代謝雖然是一種不受我們控制的自發過程，然而，如果身體在不協調、不平衡的狀態下完成這一過程，會大量消耗我們的精力。

　　我認識一個人，他的日常工作就是在缺少耐心的情況下完成的。他總是表現得煩躁不安，一會兒抓抓自己的帽子，一會兒扯扯自己的外套，或者抓起桌子上的紙張、信件，或

者做一些其他的動作，旁人總感覺他簡直煩得不知如何是好，他覺得做一些日常瑣事十分討厭、麻煩，毫無意義。

其實不然，這些日常工作是有意義的。如果你能抱持正確的心態去做這些事情，那麼，你將會更加冷靜、平衡，你會成為一個更富智慧的人。但是，如果你在做這些事情的時候心裡很不耐煩，總感到發愁、煩惱，認為它們枯燥無聊，你就會浪費許多寶貴的精力。

心境平和，能夠用積極樂觀的態度去看待生活的人，要比那些習慣於發脾氣，對事情充滿疑慮的人更能忍受身體上的病痛，更能用平衡的心態去面對生活中的各種摩擦。

脾氣火爆的人永遠都是吃力不討好的人。不論他們志向多麼遠大，工作多麼努力，都不會被放到重要的位置上，也不會得到臨危授命的機會，因為人人都知道，他們並不可靠，他們有可能在任何時候因為一些瑣碎的事大發雷霆。所以，他們雖然很有能力，卻無法保證在任何情況下都得以如常地發揮能力，沒有良好的控制能力，縱然有再大的本事也是枉然。

人的一生中要做的第一件事情就是保持思想的和諧，因為和諧意味著效率。

渴望能做到自我控制的人，不妨嘗試一下早上出門時，下決心讓自己在一整天內，不論發生任何事情都保持頭腦冷

靜、心境平和，讓自己在一整天之內都保持和諧。要下定決
心告訴自己在任何時候保持平靜，否則會損失重大。如果你
這麼做了，你將從中獲得一種極大的滿足感，這種滿足感
來自你日益提升的工作效率。平和、舒適的心態有助於你完
成更多的工作，你很快就會感覺到，如果肆意放縱自己的脾
氣，你就會付出很大的代價，代價就是失去你平靜的心、你
的健康和你的幸福。發脾氣毫無作用，也沒有效率。

　　如果你的心境尚未達到一種平和的境界，尚不能夠坦然
面對惡意挑釁，無法在逆境或失敗面前保持風度，那麼，
你就還沒有體會到一個道理，一個能讓你真正得到解脫的
道理。這個道理會讓你擁有一種淡然的心態和積極的思考方
式，即便在別人看來是嚴重考驗或巨大痛苦的情況下也是
如此。

　　鎮靜是平和的產物，只有在面臨壓力和突發事件的情況
下才得以展現。然而，鎮靜和遲鈍麻木、僵硬呆滯完全不
同。斯芬克斯並不能夠代表鎮靜，因為鎮靜並非意味著如石
頭般僵硬，斯芬克斯是沒有生命的，他在一切事物面前都是
沉默的。沒有人能夠比冷靜的人生活更為充實，更有意義，
更能體會生活的真諦。

　　宿命論者也不是真正的冷靜，宿命論者更傾向於屈服於
命運，甘願做命運的奴隸，這種人無奈地向周圍的環境屈

服，並漠視未來。他將生活視為一艘無舵之船，在時間的海洋中任意漂泊，他沒有指南針，沒有航海圖，也沒有目的地，他不斷投降的態度向世人表明：自己承認一切都不如人。

更為重要的是，我們要像冰山那樣，將自己的大部分浸泡在平靜的大海深處，任憑海面上狂風驟雨吹打著它浮出水面的部分，也紋絲不動，因為巨大的冰塊被一種永恆的力量支配著。

一直以來，我們都應該相信，生活中的任何喧囂騷亂都無法打擾我們。一個鎮靜之人所擁有的平和心態能夠讓他抵禦周圍一切肆虐的風暴。

當我們在生活的航程中遇到疾風暴雨時，只有深深駐紮在驚濤駭浪之下的平和心態，才能夠帶給我們永恆的寧靜，才能讓我們更加堅定、平和地駕著生命之舟，更安全地穿越風暴地帶。

官網

國家圖書館出版品預行編目資料

個性磁場，締造非凡魅力：心態平衡 × 人格魅力 × 意志主導，無法避免外在缺陷，可以從「氣質」開始改變！/ [美] 奧里森‧馬登（Orison Marden）著；孔謐 譯 . -- 第一版 . -- 臺北市：崧燁文化事業有限公司 , 2023.05
面；　公分
POD 版
譯自：Masterful personality
ISBN 978-626-357-332-1(平裝)
1.CST: 個性 2.CST: 人格 3.CST: 生活指導
173.7　　112005626

個性磁場，締造非凡魅力：心態平衡 × 人格魅力 × 意志主導，無法避免外在缺陷，可以從「氣質」開始改變！

臉書

作　　者：[美] 奧里森‧馬登（Orison Marden）
翻　　譯：孔謐
發 行 人：黃振庭
出 版 者：崧燁文化事業有限公司
發 行 者：崧燁文化事業有限公司
E-mail：sonbookservice@gmail.com
粉 絲 頁：https://www.facebook.com/sonbookss/
網　　址：https://sonbook.net/
地　　址：台北市中正區重慶南路一段六十一號八樓 815 室
Rm. 815, 8F., No.61, Sec. 1, Chongqing S. Rd., Zhongzheng Dist., Taipei City 100, Taiwan
電　　話：(02)2370-3310　　傳　　真：(02) 2388-1990
印　　刷：京峯彩色印刷有限公司（京峰數位）
律師顧問：廣華律師事務所 張珮琦律師

定　　價：375 元
發行日期：2023 年 05 月第一版
◎本書以 POD 印製